Erste Auflage
Verbrecher Verlag Berlin 2008
www.verbrecherei.de
ISBN: 978-3-940426-00-0
Herausgeber: Sebastian Sooth · sebastian@sooth.de
Satz und Umschlaggestaltung: Natascha Podgornik
Druck: Fata Morgana
Printed in Germany

Der **100.000 EURO JOB** ist ein Initiativprojekt im Programm **„Arbeit in Zukunft"** der **Kulturstiftung des Bundes**. Das Projekt wurde realisiert vom Projektbüro **100.000 EURO JOB** in Projektträgerschaft der **Visionauten** und richtet sich bundesweit an junge Menschen bis zu 26 Jahren. Sie wurden aufgefordert, mit einem künstlerisch-kulturellen Beitrag zu zeigen, was für sie Arbeit heute und in Zukunft bedeutet. Hierfür stand ein Förderfonds von 100.000 Euro zur Verfügung, über den die Jugendlichen selbst entschieden haben.

Sebastian Sooth
(Hrsg.)

DER 100.000 EURO JOB

NÜTZLICHE UND NEUE ANSICHTEN ZUR ARBEIT

Die besten Ratschläge für jede Arbeitslage von Jörg Albrecht, Frithjof Bergmann, Flix, Holm Friebe, Johnny Haeusler, Markus Kavka, Jörn Morisse, Kathrin Passig, Lisa Rank, Jochen Schmidt, Frédéric Valin u.v.a.

KULTURSTIFTUNG DES BUNDES
ein initiativprojekt im programm
ARBEIT IN ZUKUNFT

EINLEITUNG

SIEBEN BLICKE AUF ARBEIT

6. FREIZEIT ODER ARBEIT – KULTURARBEIT

7. VISIONEN ODER DER KLANG DER ARBEIT

WEITERFÜHRENDES

EINLEITUNG

Der 100.000 EURO JOB ist mehr als ein Projekt – er ist eine Sammlung von Ideen, Visionen und Gedanken. Und er ist ein Spiel. Ein Spiel, bei dem Jugendliche sich künstlerisch mit dem Thema Vergangenheit, Gegenwart und Zukunft der Arbeit auseinandersetzen.

Zur Umsetzung der Ideen standen 100.000 Euro zur Verfügung.

Wie das ging, was dabei rauskam – steht hier.

47 Projekte mit Präsentationen in über 30 Orten in ganz Deutschland wurden von den Jugendlichen Teilnehmern selbst nach Größe, Aufwand und Bedeutung mit Beträgen von 315 bis 4772 Euro zur Umsetzung ausgestattet. Projektliste auf Seite 221.

Anika Lindner, Sebastian Sooth

Wie man 100.000 Euro bekommt und sie wieder ausgibt

„Und was ist mit der Kuh?“ Die beiden Mädchen stehen lachend in einem Berliner Hinterhof. „Am Tollsten“, grinsen sie, „wäre genau dort in der Ecke eine grasende Kuh zum Kuscheln.“

Die Mädchen gehören zu einer Gruppe von Leuten, die in Berlin einen Ort schaffen wollen, an dem fernab von lauten Cafés und muffigen WG-Zimmern gearbeitet werden kann. Ein Ort, in dem rund um die Uhr Arbeitsplätze, Club Mate vorrätig ist, man Kontakte mit Gleichgesinnten findet. Und vielleicht steht dann die Kuh eines Tages im Hinterhof, lässt sich streicheln und wirft bei jedem Meeting ein kleines Muh ein. Das Hallenprojekt ist eine Idee, wie man mit seiner Arbeit glücklich werden kann. Oder glücklicher.

Laborversuche – ganz ohne Tiere

Arbeit kann man sich wie einen Maiskolben vorstellen. Sie besteht aus vielen kleinen Körnern, die alle zusammen ein großes Ganzes ergeben. Arbeit ist in bisschen langweilig. Das kann man ändern.

Gesagt, getan. Die 47 Projektteams beim **100.000 EURO JOB** haben diesen Arbeits-Mais ins Ideenlabor getragen, Korn für Korn auseinandergepflückt und mit der Lupe gründlich untersucht.

In jedem Korn steckt etwas anderes, das Arbeit prägt: Ängste, Vorurteile, Wünsche oder Fragen. In einem besonders farblosen Korn findet sich beispielsweise die Arbeitskleidungs-Vorstellung von AnzugträgerInnen mit merkwürdigen Krawatten.

Im Rahmen des **100.000 EURO JOBs** wurden die Körner dieses Arbeits-Maises an eigene Wünsche angepasst, aufpoliert, miteinander vermischt, weggeworfen und neu geformt. So konnte einfach die Vorstellung von grauen Zweiteilern hin zu CD-Röcken und ausgelatschten Sandalen verändert, oder der Angst vor Hartz IV mit Streicheleinheiten und mutmachendem Keksebacken begegnet werden.

In der Forschungs- und Testphase wurden hier Theaterstücke einstudiert, da Arien gesungen, dort Bauzäune für den Arbeitslosenzoo aufgestellt – und im Labor veränderte sich der Aufbau vom Arbeits-Mais Stück für Stück.

Alle ProjektteilnehmerInnen haben die Körner wieder zu einem großen Ganzen zusammengebaut. Da lag schlussendlich ein ganz neuer Arbeitsbegriff auf dem Labortisch des knallrosa Ideenlabors. Knackig. Schillernd. Vielfältig. Vollgestopft mit verqueren, fantastischen oder bodenständigen Zukunftsvisionen für Arbeit.

Raus auf die Bühne des Lebens

Doch wozu ist Laborarbeit gut, wenn sie im Labor verschimmelt? Der Höhepunkt, auf den die Projekte monatelang hingearbeitet haben, waren ihre Aufführungen. Ab September 2006 wurden letzte Konfettis produziert, Zeitpläne durchgezogen, finale Umsetzungsschritte ausgefeilt – und schließlich präsentierten sich die Projekte außerhalb der Labore. Auf der Bühne. In Ausstellungsräumen. Auf Straße und Leinwand. Im Netz. Die verschiedenen Ideen, Wünsche, Definitionen, Fragestellungen von und zu „Arbeit in Zukunft" wurden in die Köpfe der Zuschauer gesät. So haben sich die Samen des neu definierten Arbeitsbegriffes deutschlandweit verbreitet.

Genützt hat die Projektarbeit beim **100.000 EURO JOB** allen. Den Geldgebern, die miterleben konnten, wie Projekte zur neuen Arbeit umgesetzt wurden, den Projektteams, die ihre Ideen verwirklicht haben und besonders den Zuschauern. Sie konnten bei den Veröffentlichungen der Projekte nicht nur zuschauen, sondern mitdiskutieren und mitmachen. Erfahren, wie es ist, wenn bisherige Vorstellungen auf den Kopf gestellt werden und sich neue Wege im Umgang mit Arbeit eröffnen.

Backstage-Pässe oder warum jetzt das Buch?

Wie die Tests am Arbeits-Mais im Ideenlabor letztendlich verlaufen sind, ist hier in Buchform festgehalten. Die verschiedenen Projektberichte nehmen uns mit hinter die Kulissen ihrer Umsetzungen – und Aufführungen: Wieviel Geld „Ein Glas Luft fangen" bringt, wo die Öko-Schweine herkommen und wer sich für ein paar Stunden von seiner Arbeit freikaufen ließ.

Viele der Jugendlichen haben mit den Projektumsetzungen erste Arbeitsschritte gemacht und so rausgefunden, wie sie gut arbeiten können. Im Büro oder zu Hause. Nachts oder morgens. Im Team oder allein oder lieber gar nicht.

Mit Arbeitserfahrungen könnten ganze Bücherregale gefüllt werden. Von einmalundniewieder bis hocherfolgreich. In diesem Buch finden sich neben Projektberichten viele solcher spannenden Texte. Profis im Umgang mir Arbeit, wie Johnny Häusler, Kathrin Passig und viele andere erzählen in kleinen Geschichten, Berichten oder Blogartikeln vom Umgang mit Arbeit (und ihrer Vermeidung)

Mehr Licht in die verwinkelte Arbeitswelt soll die Kolummne „Wie arbeitet eigentlich...“ bringen. Die verschiedensten Arbeitenden stellen sich vor und berichten. Die eine, die jeden Tag glücklich von 9 bis 17 Uhr im Büro arbeitet, der andere, der 10 Projekte gleichzeitig managt, immer zwischen 20 und 6 Uhr. Und dann kommen da auch noch die zu Wort, die ganz andere Arbeitsformen für sich entdeckt haben.

Dieses Buch gibt nützliche und neue Gedankenanstöße, wie man trotz Arbeit und mit Arbeit glücklich werden kann. Es ist gleichzeitig Wegweiser und zeigt neue Trampelpfade, die manchmal sogar besser zum Umgang mit Arbeit führen, als die geteerte 9to5-Straße. Vor allem aber soll dieses Buch die Ergebnisse zu „Arbeit in Zukunft“ verbreiten und Impulse für Weiterentwicklungen geben. Für Projekte, deren Ziel es ist, Arbeitsbedingungen zu schaffen, die an verschiedene Lebensstile, Vorstellungen und Wünsche angepasst sind. Es bleibt spannend: Was die Samen des veränderten Arbeitsbegriffes wohl so in den Köpfen der Menschen machen? Ob sie büschelweise zu kleinen Ideen heranwachsen, Wurzeln schlagen? Oder ob die zarten Pflanzen dann von ersten Gedankenhamstern angeknabbert werden und einknicken?

Zeit, es rauszufinden. Zeit für den Flächenversuch!

Von Öko-Dörfern und CD-Röckchen

Die Jugendlichen haben mit ihren Projektideen zu „Arbeit in Zukunft" bewiesen, wie facettenreich dieses Thema bearbeitet werden kann: Von MUT-MACH-MASCHINEN mit Konfetti-Dusche bis hin zum Arbeitslosenstreichelzoo mit Ein-Euro-Jobs wie „Wolken zählen" , war an Projektumsetzungen alles dabei. So auch ein Film über Öko-Dörfer, in denen Arbeit und die Menschen frei sind. Und das Konzert, das erst beginnen würde, wenn das Publikum die Stirnlampen der Band zum Leuchten bringt – und dafür auf Fahrrädern strampeln muss. Und die futuristische Arbeitskleidungsmodenschau, auf der Mädchen mit Zöpfen und CD-Röckchen lächelnd über die Bühne laufen. Und all die anderen Projekte, die hier zwischen den Zeilen stehen.

Das Fördergeld hat für die Projektteams eine attraktive Situation geschaffen. Sie konnten erleben, was es heißt, ein Kamerateam zu leiten, Buttons zu pressen und Projektplanungen zu verwirklichen, ohne von Geldsorgen abgelenkt zu werden.

Glück trotz Arbeit

Seit März 2006 haben sich über 500 junge Menschen mit „Arbeit in Zukunft" beschäftigt.

Im Rahmen des **100.000 EURO JOB**s waren Jugendliche dazu aufgerufen, ihre Ideen künstlerisch umzusetzen. Die Kulturstiftung des Bundes – kurz KSB – hat das Projekt in Zusammenarbeit mit Sebastian Sooth ins Leben gerufen und dafür 100.000 Euro zur Verfügung gestellt. Quer durch Deutschland haben sich daraufhin Jugendliche mit Fragen zur Arbeit auseinandergesetzt. Wie Arbeit heute ist, was Arbeit überhaupt bedeutet, was ihr fehlt, wie grau oder bunt ihre Zukunft aussieht, wie man sie verbessern kann.

Den künstlerischen Formaten für die Projekte waren keine Grenzen gesetzt: Von Fotoserien über Theaterstücke, Online-Präsentationen, Hörspiele und Filme – alles war möglich. Hauptsache, die Projekte waren in vier Monaten durch die Jugendlichen selbst und mit dem zur Verfügung stehenden Geld realisierbar.

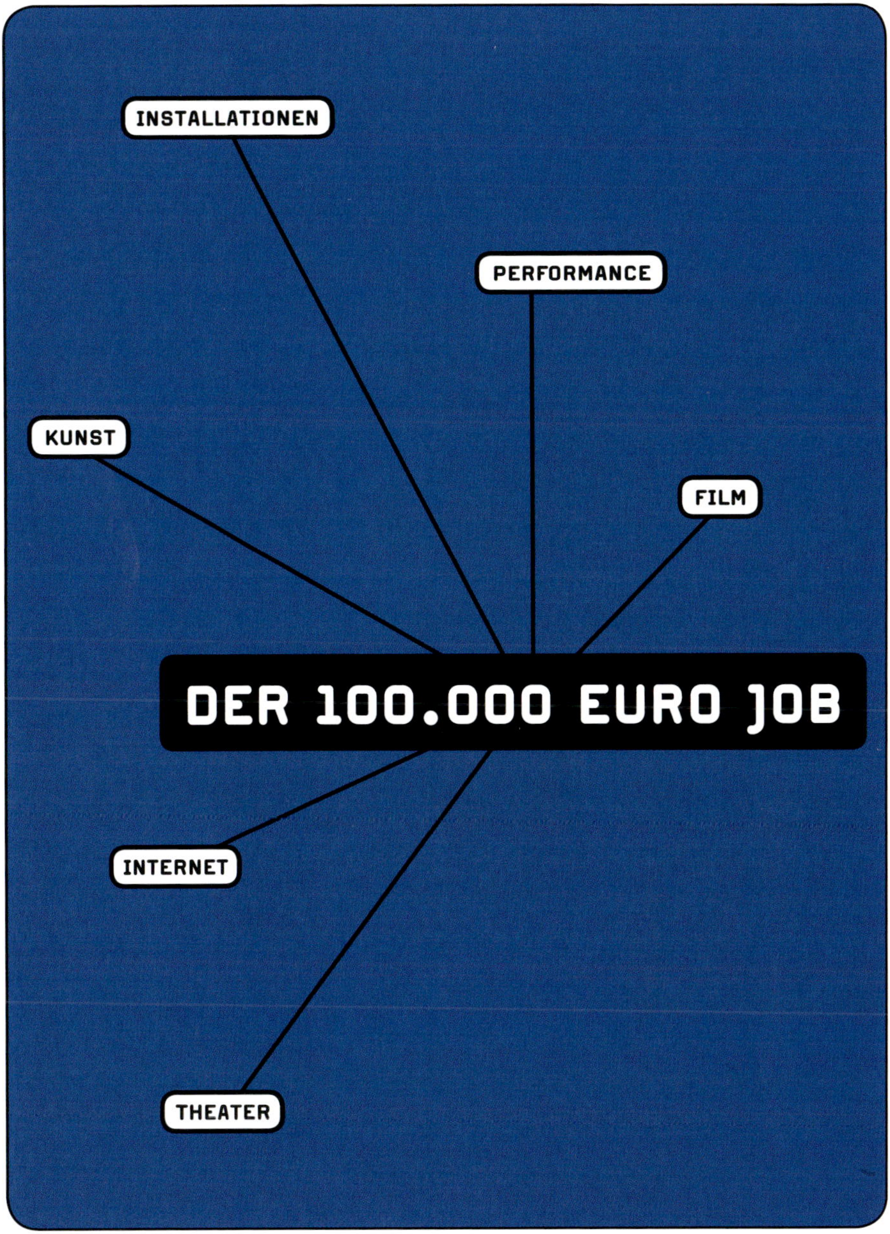
INSTALLATIONEN
PERFORMANCE
KUNST
FILM
DER 100.000 EURO JOB
INTERNET
THEATER

Wie man 100.000 Euro verteilt

Innerhalb von zweieinhalb Monaten konnte das Leipziger **100.000-EURO-JOB**-Projektbüro 306 eingegangene Projektideen zum Thema „Arbeit in Zukunft“ erfassen/dokumentieren/verzeichnen. Mit dessen Unterstützung entwickelten die EinreicherInnen aus ihren Ideen Projektskizzen, in denen das Waswerwannwo und das jeweilig geplante Budget zu Papier gebracht werden sollte. Am Ende dieses Prozesses waren 98 Projektskizzen soweit ausgearbeitet, dass sie an der Auswahl teilnehmen konnten. Der Auswahlkatalog mit Beschreibungen der jeweiligen Projekte wurde in den folgenden Tagen an die TeilnehmerInnen geschickt. So konnten sie sich ein genaues Bild von den anderen Projekten machen, bevor es an die Auswahl ging.

Der 100.000 EURO JOB – im Leipziger Projektbüro, auf Papier und unterwegs.

Und dann war Entscheidungsfähigkeit gefordert.

100.000 Euro Fördergeld. 98 Projekte. Welche davon finanziert werden, sollte durch das innovative Modell Selbstförderfonds entschieden werden, das zum ersten Mal in Deutschland eingesetzt wurde. Bei diesem Fördermodell bestimmten nicht Jurymitglieder über die Verteilung des Geldes, sondern die ProjekteinreicherInnen selbst.

Sie alle entschieden über einen jeweils gleichgroßen Teil der 100.000 Euro. Mit dem extra dafür eingerichteten Online-Auswahl-tool konnten sie dieses Geld denjenigen Projekten zuteilen, die sie verwirklicht sehen wollten. Anfang September stand schließlich fest, welche Projekte durch diese Geldverteilung ihr beantragtes Budget erhalten, und sich so für die Förderung qualifiziert haben. So schnell wird man 100.000 Euro wieder los.

47 – 16-26 – 315-4.772 – 15 – Peng

So klingt Arbeit. 47 Projekte hatten es geschafft.

16-26 Jahre jung waren die TeilnehmerInnen, deren Projekte gefördert wurden. Von 315 bis 4.772 Euro hoch waren die jeweiligen Einzelbudgets der Projekte, die in 15 verschiedenen Bundesländern entstanden und präsentiert werden sollten. Der Startschuss für die Umsetzungen der Projektideen wurde gegeben.

Peng.

Die Arbeitskuh. Die Ideensamen der Projekte vom **100.000 EURO JOB** sind vielerorts auf fruchtbaren Boden gefallen. So auch in einigen Berliner Köpfen, in denen jetzt das Hallenprojekt heranwächst. In der Halle sollen Wunscharbeitsplätze für Selbstständige, vom Pärchenhandschuhstricker bis zur Werbetexterin, entstehen. Die Gruppe von Selbstständigen, die dieses Projekt ins Leben gerufen hat, besichtigt schon in Frage kommende Mieträume. Bei dem Rundgang haben die beiden Mädchen über einen Hofplatz für die Kuh gewitzelt. Als sie nach der Besichtigung alle vor dem Gebäude stehen, entdeckt der eine Junge plötzlich das Schild und die beiden Mädchen lachen. Eine Tierarztpraxis direkt nebenan. Na, dann wird's ja vielleicht doch was, mit der Kuh.

Selbstförderfonds – wie funktioniert sowas?

Ein Gespräch zwischen Thomas Hobbes und Sebastian Sooth

Selbstförderfonds, das klingt so, als ob jeder einzelne Mensch selbst etwas entscheiden würde, und nicht eine ihm übergeordnete Macht. Wie kann ich das verstehen?
Im Gegensatz zu allen anderen Auswahlverfahren entscheiden hier alle Bewerber gemeinsam, welche der eingereichten Projektideen gefördert und umgesetzt werden. Wir haben mit dem ersten Selbstförderfonds in Deutschland jungen Menschen die Gelegenheit gegeben, eigene Projekte zum Thema Arbeit einzureichen und gemeinsam zu entscheiden, welche davon umgesetzt werden.
Über eine Onlineplattform und einen gedruckten Katalog konnte jeder Teilnehmer alle Projekte ansehen und anschließend ihren Anteil an den 100.000 EURO auf andere Projekte verteilen.
Jedes der 97 Projekte in der Auswahlrunde konnte 1.030 Euro auf andere Projekte verteilen – egal, ob einen Euro oder die komplette Summe. Jedes Projekt hatte ein bestimmtes Budget beantragt. Und alle, die diese Budget zugeteilt bekamen, wurden gefördert.

Aber wenn es keine übergeordnete Macht gibt, dann herrscht doch Anarchie unter den Menschen. Wieso hat das bei Ihrem Konzept trotzdem geklappt?
Wir hatten in einer Geschäftsordnung ein paar einfache Regeln festgelegt. So durfte sich kein Projekt selber fördern. Auch Manipulationsversuche hätten zum sofortigen Ausschluss aus dem Vergabeverfahren geführt. Zum besseren Kennenlernen haben wir Treffen mit den Projekteinreichern organisiert. Und wir standen rund um die Uhr für Fragen und bei Problemen zur Verfügung während der Auswahlphase. Außerdem haben wir, was alle Teilnehmer wussten, die Geldvergabe intern protokolliert. Dadurch wären Manipulationen aufgefallen.

Der Mensch ist doch dem Mensch ein Wolf. Wie kann man ihm als Einzelnem Entscheidungen überlassen?

Unser Selbstförderfondskonzept setzte stark auf Kooperation. Die Teilnehmer konnten miteinander kommunizieren, in der Projektentwicklungsphase konnte man sich mit anderen Projekten z.B. für mögliche gemeinsame Präsentationen abstimmen. In der zweiwöchigen Sichtungsphase vor der eigentlichen Auswahlrunde konnten sich alle Teilnehmer in Ruhe ein eigenes Urteil bilden.

Aber es kann doch nicht angenommen werden, dass ein jeder genauso klug ist, wie ein staatliches Oberhaupt, das die klugen Entscheidungen für das Volk übernimmt.

Doch, denn der Selbstförderfonds ersetzt ja nicht alle Entscheidungen. In unserem konkreten Fall, bei dem viele Menschen ähnliche Dinge umsetzen wollten und dafür Geld benötigten, hat er aber sehr gut funktioniert. Weil die Ideenentwickler alle sehr tief ins Thema eingestiegen waren, weil jedes Projekt, das über die anderen Projekte entschieden hat, selber eine eigene Projektskizze entwickelt und so einen sehr guten Einblick in die Materie hatte.

Gab es nicht einmal Machtkämpfe? Oder Probleme?

Klar, sonst wäre es ja langweilig. Dadurch, dass alle Teilnehmer miteinander kommunizieren konnten, kam es natürlich auch zu unpersönlichen Massenmails. Davon waren einige Teilnehmer so genervt, dass ein Projekt seinen Anteil aus Protest gleich auf ebay versteigern wollte. Natürlich hat dieser Werbeeffekt gleich wieder dazu geführt, dass das Projekt plötzlich gefördert war.

Ist das nicht ein Zeichen dafür, dass so eine Idee nicht funktioniert?

Ganz im Gegenteil. Im Großen und Ganzen waren die Entscheidungen von einer großen Ernsthaftigkeit und genauer Auseinandersetzung mit den anderen Projekten geprägt. Wir sind davon überzeugt, dass der Selbstförderfonds auch für größere Summen und andere Themengebiete ein geeignetes Förderinstrument ist. Wir freuen uns über Ideen für weitere Selbstförderfonds.

Foto: Thomas Reichl

IM FILM VORGESTELLTE PROJEKTE

- **Michael Müller: MutMachMaschinen**
- **Beate Weiter: Forschungsreise zu den Alternativen**
- **Max Upravitelev: Galerie am Körper**
- **Katja Marx: Arbeit 2107**
- **Thomas Jäkel: Was ihr sollt**

Die DVD zum Projekt

Hier im Buch oder auf 100.000-EURO-JOB.DE kostenfrei bestellen

Doku-Team 100.000 EURO JOB: **Frank Just, Christian Klisan** · Kamera: **André Pfennig, Christian Klisan, Frank Just, Daniel Berg + Marco Witt** (Leipzig Fernsehen), **Julia Speiser** (Making-Of „Forschungsreise zu den Alternativen") · Schnitt und Animation: **Thomas Reichl** · Musik/Sounds: **Beat Halberschmidt** · Beratung: **Michael Rösel** · Produktion: **Sebastian Sooth**

HALLO! ICH BIN'S, DAS SUPATOPCHECKERBUNNY!

100.000-EURO-JOB – das klingt ja schon mal, gut finde ich! Klingt nach viel Geld, und viel Geld wollen doch alle immer haben. Denn wer viel Geld hat, kann nicht nur einfach viel damit kaufen, sondern kann auch wählerischer sein mit seiner Arbeit. Wenn man schlau ist jedenfalls. Wenn man nämlich eh viel Geld hat, kann man sagen: So, ich arbeite jetzt das hier, das finde ich gut, und es macht mir Spaß, ob es finanziell einträglich ist, weiß ich allerdings noch nicht, aber ist ja auch egal, denn Geld hab ich ja schon! So kann man arbeiten, wenn Geld keine Rolle spielt.

Fairerweise muss ich aber dazu sagen, dass bei den meisten Leuten Geld sehr wohl eine Rolle spielt, wenn sie arbeiten, und dass sie deswegen durchaus auch Sachen arbeiten, die sie nicht so super finden. Das ist dann Erwerbsarbeit.

Die meisten Jobs haben ihre Schattenseiten, habe ich festgestellt. Zum Beispiel: Als Pilot kann man zwar schön durch die Welt fliegen, man muss aber auch mit andauernder Zeitverschiebung und mit Turbulenzen zurechtkommen. Oder als Käseverkäuferin kann man zwar immer lecker Käse naschen und hat wenig Probleme mit unterschiedlichen Zeitzonen, aber dafür hat man, zumindest wenn man im Supermarkt arbeitet, den ganzen Tag über nur dieses fürchterliche künstliche Licht. Auf dem Markt arbeiten ist da besser, andererseits ist es dann im Winter meist sehr kalt und man friert.

Nun sind für den einen Turbulenzen oder künstliches Licht vielleicht gar nicht schlimm, aber ein anderer würde unter solchen

Bedingungen nicht mal für 100.000 Euro arbeiten! Ganz unterschiedlich. Die einen sagen so, die anderen so.

Hauptsache ist deshalb, man macht sich erst einmal klar, was Arbeit so alles bedeutet und mit sich bringt. Das ist enorm wichtig, kostet aber auch wieder Zeit! Und Zeit ist wieder Geld, und wer bezahlt einem jungen Menschen denn bitteschön erstmal all das Nachdenken über Arbeit? Die Antwort: Die Kulturstiftung des Bundes macht so was! Abgefahren! Wer es nicht glaubt: Dies ist die Dokumentation dessen, was dabei heraus gekommen ist!

Eines haben all die unterschiedlichen Projekte vom **100.000-EURO-JOB**-Projekt gemeinsam: Alle wollen irgendwie, dass sich Arbeit und Zufriedenheit nicht gegenseitig ausschließen. Ein ganz legitimer Wunsch, finde ich persönlich. Wer das anders sehen möchte – bitteschön! Aber der soll sich hinterher nicht darüber beklagen, wenn er dann unzufrieden ist!

Immerhin: Genauso, wie die meisten Jobs ihre Schattenseiten haben, haben sie dann auch überraschenderweise wieder erfreuliche Seiten, mit denen man vielleicht gar nicht gerechnet hat. So ist es ja oft im Leben – alles hat drei Seiten, eine angenehme, eine nicht so gute und eine, die man nicht kennt!

Bis denne,

SUPATOPCHECKERBUNNY

1. DAS ERSTE MAL

DAS LEBEN IST EIN PONYHOF

Das ist Idylle: Hin und wieder kommt einer und bringt Karotten, Hafer, Äpfel. Gestriegelt wird man, gestreichelt. Gut, die Box ist etwas eng, und wenn's gewittert, rappeln die Türen. Dafür wird man aber gerne mal am Tag nach draußen geführt, darf ein wenig im Kreis traben, alle klatschen, Mädchenaugen leuchten und dann gibt's ein lecker Leckerli. Schön, so ein Leben auf dem Ponyhof.

Das Leben ein Ponyhof

Das ist Idylle: Hin und wieder kommt wer und bringt Karotten, Hafer, Äpfel. Gestriegelt wird man, gestreichelt. Gut, die Box ist eng, und wenn's gewittert, rappeln die Türen. Dafür wird man gerne mal am Tag nach draußen geführt, darf im Kreis traben, alle klatschen, Mädchenaugen leuchten und dann gibt's lecker Leckerli. Schön, das Leben auf dem Ponyhof.

So stellt man sich das vor: Aber nach zwei Wochen beginnt die Langeweile, und eben: der ganze Sexualkrempel. Das Pony nebenan. Da stolziert man, aber stolz. Im Kreis. Und wieder im Kreis. Und noch mal im Kreis. Und hängt ein Fury-Poster an die gegenüberliegende Wand: damit er/sie es sieht. Sehen kann. Sehen wird. Egal. Kragen oder Mähne geschüttelt, im Kreis getrabt. Egal.

Irgendwann ist es dann ja doch immer das gleiche: Schlafen, Tür auf, Leine an, auf den Ponyhofvorführplatz. Ringsumher haben schon die Mädchenhorden Aufstellung genommen; jetzt wird gekreischt. Man muss schon sehr mittelmäßige Gitarrenmusik produzieren, um über einen längeren Zeitraum kreischende Mädchenhorden inspirierend oder beglückend zu finden: Ponys aber machen selten Musik.

Also werden einem Einzelteile der kreischenden Gesamtmenge auf den Rücken geschnallt; es gilt, sich ins Zaumzeug zu legen. Die Kandare zwickt, und mit dem Stirnriemen sieht man aus wie Axl Rose, als er noch Heroin schnupfte. Selbstachtung geht anders.

Bald beginnt man gegenzurechnen: Zwölf Karotten und vier Äpfel am Tag, macht ungefähr 1,5 Karotten und einen halben Apfel die Stunde. Das reicht zum Leben, aber zum Zurücklegen reicht es nicht. Zum Beeindrucken schon gar nicht. Egal.

Denn ans Zurücklegen denkt man ja noch nicht, eher ans Zurücklehnen. Vom Lebensabend hat man höchstes morgens um fünf eine vage Vorstellung, schwankend. Es ist ja noch ne ganze Weile hin, bis man hin ist, und der Abdecker ist noch so weit weg wie das nächste Wochenende.

Das ist Idylle: Mal sehen, was kommt. Egal, was. Egal. Hauptsache, da kommt noch was.

Frédéric Valin

Von Job zu Job

Zwischen Hoffnung und Zukunftsangst

Endlich ist das Abitur geschafft. Monatelang hatte man gepaukt und während der Klausuren und Prüfungen literweise Angstschweiß vergossen. Und dann war alles vorbei. Zwölf Jahre Schulausbildung zusammengefasst auf einer A4-Doppelseite. Und jetzt? Studium? Lehre? Ein Auslandsaufenthalt? Die Entscheidung, was man aus seinem Leben machen möchte, ist nicht einfach und wer keinen Masterplan zur Hand hat, macht zum ersten Mal Bekanntschaft mit dem Gespenst Zukunftsangst.

Das Projekt Jobjogger thematisiert die Ängste und Hoffnungen der Abiturienten, die sich auf die Arbeitswelt beziehen, in der es ab jetzt eine Position zu finden gilt. Gemeinsam mit der Theaterpädagogin Lina Delgehausen erarbeiteten zehn Schülerinnen eine Performance, die Tanz, Theater und Gesang vereint.

Das Stück dreht sich um eine Wette: Anastasia wettet, dass die schmuddelige Jojo nie einen vernünftigen Job bekommen wird. Jojo dagegen behauptet, Julia bekäme allein aufgrund ihrer gepflegten Erscheinung einen Job. Obwohl die beiden jungen Frauen gemeinsam die Abiturprüfungen bestanden haben, können sie sich nicht leiden. Während die eine auf ihr Wissen setzt, versucht die andere mit ihrem Äußeren und einem perfekten Auftritt zu überzeugen. Der Wetteinsatz ist hoch, denn die Verliererin muss einen Abend mit dem Streber Heinz-Rüdiger verbringen. Jojo und Julia starten ins Berufsleben, allerdings kommt am Ende alles anders als erwartet.

Die Premiere war so erfolgreich, dass die Gruppe zu Gastauftritten an anderen Schulen und sogar zum bayrischen Schülertheaterfestival eingeladen wurde.

JOBJOGGER

Aktion/Performance
Lina Delgehausen, Regensburg
Am Werner-von-Siemens-Gymnasium Regensburg
Darstellerinnen: Milena Ostner, Tran Thuy Trang, Julius Forster, Mona Saß, Andrea Erbrich, Laura Boccali, Mona Gehmeyr, Maria Reisinger, Sophie Hanshans

So hatte ich mir das nicht vorgestellt.

Dortmund. Sicherlich eine der freundlichsten Städte in Deutschland, aber sicherlich auch eine der hässlichsten. Dort arbeiten: muss jetzt wohl sein. Dort wohnen: geht gar nicht. Das Arrangement war ja ohnehin, die drei Monate Probezeit dort abzusitzen, um danach ein Ortsbüro daheim in Nürnberg zu unterhalten. Das Ortsbüro eines Heavy Metal Magazins, namentlich: „Headbanger's Ball". Ich war irgendwie in diese Metal-Sache reingerutscht. Als freier Schreiber hatte ich während meines Studiums bei diversen Musikmagazinen ein paar Kröten dazu verdient, und weil die etablierten Heavy-Metal-Redakteure keinen Plan von Grunge, Industrial, Noise, Hardcore und anderen, bei Langhaarigen sich zunehmender Beliebtheit erfreuender Spielarten harter Musik hatten, wurde ich als Sachbearbeiter für diesen Kram engagiert.

MARKUS KAVKA

Eckes Edelkirsch und Metalbands

DAS ERSTE MAL

Als ich an meinem ersten Arbeitstag die lädierte Eingangstür des Frühsechzigerzweckbaubürogebäudes öffnete, stank es nach totem Hund. Wenige Augenblicke später sollte sich herausstellen, dass der betreffende Hund noch lebte, er roch nur leider nicht mehr so, schon gar nicht, nachdem der betagte Geselle sich mal wieder durch den Regen geschleppt hatte. Er gehörte zur Chefsekretärin des Blattes und war ihr ein und alles. Ihn nicht zu mögen war verboten.

Eigentlich hatte ich aber allen Grund, sehr zufrieden zu sein. Eine feste Redakteursanstellung, direkt nach dem Studium, ohne vorheriges Volontariat oder Praktikum, 3.500 DM brutto. Gut, das war auch anno 1993 nicht wirklich viel Geld, aber wenn man sich einbildete, dass es sich hier um ein bezahltes Hobby handelte, konnte man gut damit leben.

Meine Kollegen waren alle schon länger dabei. Echte Metalschlachtrösser. Sie hingen an ihren langen Haaren, und ihr Bierbauch hing an ihnen. Wie alle Metaltypen waren sie allerdings auch unfassbar sanftmütig und freundlich. In meinem Büro stand bereits ein 486er PC, dazu eine kleine Kompaktstereoanlage, an den Wänden hingen Poster von Manowar, Ozzy Osbourne, Slayer und – extra für mich – Nirvana.

Der Blick aus dem Fenster fiel auf eine graue Hausmauer, der Blick auf den Boden auf eine ursprünglich wohl ebenfalls graue Auslegeware. Allerdings gab es keine Farbe der Welt, die sich noch nicht als Fleck darauf befand. Dort in der Ecke hatte offenbar mal jemand tüchtig Eckes Kirsch gekotzt.

Egal, erst mal Mittagspause. Schräg gegenüber war so 'ne Pizzabude, die Calzone gab's dort für 3 DM. Ich sollte sie jeden Tag in den ersten vier Wochen essen, bis ich feststellte, dass ich innerhalb dieser Zeit zwei Kilo zugenommen hatte. Ich stieg also um auf Vollkornschnittchen mit Putenbrust und Gürkchen, die Kollegen guckten komisch.

Ich begann, die Tage bis zum Ende der Probezeit runter zu zählen. Langsam nervte mich auch die Fahrerei. Ich hatte mich 50 Kilometer von Dortmund entfernt bei einem Kumpel einquartiert. Mein Arbeitsweg war die A1, da sagen sie im Radio in der Regel nur noch die Staus ab fünf Kilometer Länge an, weil alles darunter ist eh normales Kleinvieh, das schon keiner Erwähnung mehr bedarf.

Der Hund roch auch mit jedem Tag schlechter, noch dazu hatte er mich liebgewonnen, weil versehentlich immer mal ein bisschen Pute runter fiel, nach dessen Verzehr er immer ganz verschossen sein Filzfell an mir rieb, weswegen ganz schnell meine Hosen und schließlich auch mein Auto nach Hundeverwesung stanken.

Außerdem wurde meine Freundin bei unseren allabendlichen Telefonaten immer komischer. Na ja, bald bin ich wieder zuhause, dann hat die Fernbeziehungskacke ein Ende.

Foto: Nela König

Das Ende kam dann schneller als erwartet, und zwar in doppelter Hinsicht. Ich war noch nicht mal zwei Monate da, als der Verleger eines Morgens überraschend verkündete, dass der Laden dicht gemacht wird. Wir konnten sofort gehen. Ich habe mich dann auch direkt ins Auto gesetzt und bin zurück nach Nürnberg gekachelt. Dass ich jetzt arbeitslos war, machte mir gar nichts aus, weil ich mich so auf mein Mädchen freute, das ich mit meiner plötzlichen Rückkehr überraschen wollte. Ich habe sie auch überrascht. Sehr sogar. Sie und ihren neuen Typen.

Und eine Woche später starb auch noch der Hund.

Foto: Kathrin Grannemann

Job, Jobber, am Jobbsten

Überdurchschnittliche Zeugnisse, Auslandsaufenthalte, diverse Praktika und wenn möglich bereits einige Jahre Berufserfahrung muss man vorweisen können, um zu einem Bewerbungsgespräch eingeladen zu werden. Viele Unternehmen mit Personalnot scheinen vergessen zu haben, dass diesen Ansprüchen weder ein sechzehnjähriger Realschüler noch ein achtzehnjähriger Abiturient gerecht werden kann. Noch dazu sträuben sich viele Betriebe dagegen ihr Personal aus- oder weiterzubilden. Das koste zu viel Zeit und Geld.

Ohne gute Mitarbeiter allerdings kann kein Unternehmen erfolgreich sein!

Das von Studenten unter der Regie Onur Yamacs an der Universität Oldenburg aufgeführten Stück „Job, Jobber, am Jobbsten" vermischt Elemente aus Bühnenshow, Theaterstück und Podiumsdiskussion. Die Protagonisten des Stücks, Steffi und Kemal, haben gerade die Schule beendet und müssen sich nun im harten Alltag zurechtfinden, sie müssen lernen sich selbst zu präsentieren und mit den Hierarchien des Arbeitslebens auseinanderzusetzen. Ironisch und pointiert machte das Stück auf die Schwierigkeiten aufmerksam, mit denen junge Menschen bei der Suche nach einem Ausbildungsplatz konfrontiert sind. Dabei lernt man nicht nur etwas über die Befindlichkeiten der jungen Menschen, sondern bekommt auch aus einer anderen Perspektive Einblick in die internen Strukturen und die Effizienzpolitik der Unternehmen.

Auf dem anschließenden Podium wurden die aufgeworfenen Fragen nach Sinn, Zweck und Funktionsweisen auch Uwe Liebe (Geschäftsführer Ver.di), Götz Paschen (Selbständiger und Chefredakteur „Torfkurier"), Christoph Sahm (Geschäftsführer ISE- Individuelle Software-Entwicklung GmbH) und Johannes Raffel (Student der Wirtschaftswissenschaften) gestellt.

JOB, JOBBER, AM JOBBSTEN
Aktion/Performance
Onur Yamac, Oldenburg

* REPRÄSENTIERT DURCH MEINE MAMA.

NACH DEM TOD MEINES OPAS HABE ICH ALLES MÖGLICHE GEMACHT, UM AN GELD ZU KOMMEN.
HEY! DU DA!
NICHT AUF'N BÜRGER-STEIG!
MACHS BITTE ORDENT-LICH!!!
RRRRR
GUT FÜR'S EGO WARS NUR SELTEN.
MEINE ERSTE FRISTLOSE KÜNDI-GUNG HATTE ICH MIT SECHZEHN.
(MEINE ERSTE GEBROCHENE NASE AUCH.)
RESI... I HOL DI MIT'M TRAKTOR AB...
DABEI HABEN DIE MEISTEN MEI-NER JOBS, FÜR SICH BETRACHTET, EIGENTLICH ECHT SPASS GEMACHT.
WAS NERVTE WAR VIEL MEHR...
FEIFEN IS HIER VERBOTEN, SPASTI!
... DASS ES IMMER JEMAND GAB, DER MIR SAGTE, DASS ICH DIE DINGE ANDERS MACHEN SOLLTE...
OH MY GOSH!
NEIN!
DU MUSST DAS SO MACHEN!
SO!
ABER...
EY!
KLICK! WEG-KLICK!
... OBWOHL SIE PRIMA FUNKTIONIERTEN, WIE ICH SIE MACHTE.
FRAU PULL-MANN MÖCHTE FERNSEHEN.
FRAU PULLMANN MÖCHTE IM-MER FERN-SEHEN!!!
NEIN! SIE MÖCHTE IN DEN GAR-TEN...
GARTN...
ICH GLAUBE, DAS GEHT VIELEN SO...

DIE EINZIGE TÄTIGKEIT, BEI DER MIR NIEMAND REINREDETE, WAR WENN ICH ZEICHNETE.
♫
TEILS AUS PERSÖNLICHEN GRÜNDEN...
(BESSER, ALS WENN ER DROGEN NIMMT.)
(ODER SCHWUL WIRD.)
MAMA
PAPA
... HAUPTSÄCHLICH ABER, WEIL SICH SCHLICHT NIEMAND DAFÜR INTERESSIERTE.
HE! KUCKT MAL, WAS ICH GEMACHT HAB!
ICH
DIE GESELLSCHAFT
HEUTE GIBT ES IMMERHIN EIN PAAR LEUTE, DIE MIR FÜR MEINE BILDGESCHICHTEN GELD UND AUFMERKSAMKEIT GEBEN.
ES REICHT FÜR MIETE, ESPRESSO UND SELBSTBEWUSSTSEIN.
WAS WILL MAN MEHR.
ICH LIEBE, WAS ICH TUE.
DEN MENSCHEN, MIT DENEN ICH ZUSAMMENARBEITE, HABE ICH KLAR MACHEN KÖNNEN, DASS MEINE COMICS ZARTE PFLÄNZLEIN SIND, DENEN DER EISKALTE HAUCH DES "MACH-DOCH-MA-LIEBER-SOUNDSO" ODER DIE SENGENDE HITZE VON "DAS-WÄR-DOCH-VIEL-BESSER-WENN-DASUNDDAS" MEHR SCHADET ALS NUTZT.
UND SO ÜBEN SIE SICH IN ANMUTIGER ZURÜCKHALTUNG UND WARTEN IN STILLER VORFREUDE, BIS WIEDER EIN KLEINES MEISTERWERK DER SEQUENTIELLEN KUNST DAS LICHT DER WELT --
TÜDEL-LÜDEL-LÜH! ♪
JA, BITTE?!
FLIX, DAS IST VIEL ZU VIEL TEXT!!!
MACH DOCH MA LIEBER MEHR ACTION REIN! DAS WÄR DOCH VIEL BESBESSER, WENN DAS GANZE MEHR SO SUPERHELDENMÄSSIG KÄME!
UND KANNST DU IN ZWEI STUNDEN ABLIEFERN?!
SCH-NAUF!
SCH-NAUF!
ZUCK!
VIBRIER!

HNNGGN
?!
WONK!
WELCHEN TEIL VON "ANMUTIGER ZURÜCKHALTUNG" HAST DU NICHT VERSTANDEN, PUSSY?!

SEHEN SIE, WAS ICH MEINE ?!
DAS HÄTTE SO EIN SCHÖNER COMIC WERDEN KÖNNEN ...

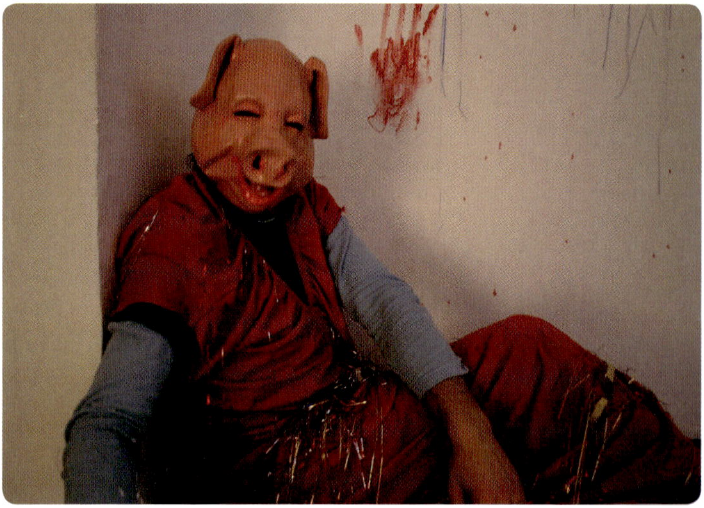

ARBEIT MACHT KAPITAL

Die drei kleinen Schweinchen sitzen in einer zugemüllten Wohnung und quieken vor sich hin. Vorher waren sie schon auf dem Mond (nur ein kaputter Fernseher), auf der Sonne (ein Flachbildschirm) und bei den Sternen (blinkende Digitalkameras). Als sie wieder auf der Erde sind, merken sie, dass es sich um einen Supermarkt handelt. Diese Geschichte wird im Film „Arbeit Macht Kapital" erzählt. Er wird ganz gewiss nicht im Mannheimer Arbeitsamt gezeigt werden, denn dort läuft auf einem Plasmaschirm ein musikvideoartiger Film, in dem lokale Pop und TV-Stars den jungen ALG II-Anwärtern erzählen, wie man durch Arbeit und Engagement so wird wie sie. Diese groteske Inzenierung kulminiert,

wenn die Sängerin einer Band der Mannheimer Pop-Akademie unschuldig in die Kamera lacht: „Wir freuen uns total, dass ihr alle hier seid." Der seltsame Ermutigungsfilm aus dem Arbeitsamt war der Anstoss für Paul Wiersbinski und Jan Raupach, einen Gegenfilm zu drehen. „Anliegen des Films", so die beiden, „ist es, dabei nicht in

ein vorgegebenes Raster zu verfallen, sondern unmittelbar und in direkten Austausch mit den tatsächlichen Gegebenheiten zu arbeiten und ein Projekt umzusetzen, welches drängende Fragen thematisiert. Nicht niedlich und nett, sondern aggressiv und subversiv." Der Film ist tatsächlich auf eine unangestrengte Art subversiv. Traumartige Sequenzen auf einer Wiese wechseln sich ab mit Szenen vor dem Arbeitsamt. Ein geplantes Interview mit der Sachbearbeiterin des Protagonisten wird nicht genehmigt, weil befürchtet wird, dass das Job Center nicht ins richtige Licht gerückt wird. So setzt sich der Erzähler einfach auf ein Karussell und berichtet von dieser Situation, und lässt die Arbeitsagentur eigentlich in einem noch viel schlechteren Licht stehen. Auch die drei kleinen Schweinchen scheinen verstanden zu haben, welches Spiel gespielt wird. Irgendwann liegen sie besoffen in der Ecke, später verprügeln sie jemanden mit Latten. Am Schluss dreht sich alles sehr symbolisch rum: Die Figur der Arbeit um die des Staates, die des Kapitals wiederum um die Arbeit. Nur die kleinen Schweinchen fahren fröhlich Karussell, als hätten sie das alles eh schon gewusst.

ARBEIT MACHT KAPITAL Film
Paul Wiersbinski, Frankfurt
Agassi F.Bangura, Naneci Yurdagül, Rebecca Krauss, Michael Helbig, Michael Winter, Hanna Hildebrand, Matthias Scholten, Jan Raupach

KLAUS CÄSAR ZEHRER

Zehn leere Stühle

Wie ich einmal die deutsch-amerikanischen Wirtschaftsbeziehungen ausweitete

DAS ERSTE MAL

Da ich im Hauptberuf Lyriker bin, zugleich aber nicht davon lassen mag, hin und wieder etwas zu essen, bin ich auf Nebenerwerbsmöglichkeiten jeglicher Art angewiesen. Aus diesem Grund habe ich mich bei der Jobbörse der Internationalen Funkausstellung in Berlin registrieren lassen: Ein paar Prospekte verteilen, tablettweise Gratisschnittchen fressen und mich ein bisschen umschauen, um dann zu Hause aus meinen Eindrücken einen Gedichtzyklus über die Verstörtheit des Ichs in der technisierten Welt zu verfertigen – das schien mir alles in allem attraktiver als schon wieder die Verwandtschaft anzuschnorren.

Nun ist leider der Messehostessenmarkt sehr angespannt, denn seit vielen Jahren nehmen uns zwanzigjährige Studentinnen unsere Arbeitsplätze weg. Bis einen Tag vor Messebeginn wartete ich vergeblich auf ein Jobangebot. Dann rief Mike an.

Mike leitete auf der IFA den Stand einer amerikanischen Computerfirma. Dass ich von der Firma noch nie etwas gehört hatte, will wenig besagen: Computer sind noch nie so mein Ding gewesen. Das freilich verschwieg ich Mike klugerweise, stattdessen beteuerte ich, ich sei geeignet wie kaum ein Zweiter, einen englischsprachigen Fachvortrag über den Daseinszweck seiner Firma zu halten. Acht Mal täglich, sechs Tage lang? Aber sicher doch, nichts leichter als das! Was er denn zu investieren gedenke? Er nannte eine Summe, die ich, ohne ins Detail gehen zu wollen, als erklecklich bezeichnen möchte. Ich unterdrückte den Impuls, vor freudiger Überraschung einen Pfiff auszustoßen, und unterbreitete kühl eine Forderung, die man getrost als unverschämt bezeichnen darf. Mike legte wortkarg auf, und während ich noch meine Gier verfluchte, statt einen geschenkten Goldsack anzunehmen zwei zu verlangen, klingelte das Telefon erneut. Man sei mit meinen finanziellen Vorstellungen einverstanden, ich möge zwecks genauerer Einweisung unverzüglich zum Messestand kommen.

Mikes Stand befand sich im hintersten, totesten Winkel des ohnehin beschaulichen „Technisch-Wissenschaftlichen Forums". Hier wurden nur hochkarätige Forschungseinrichtungen vorstellig, um vor ausgesuchtem Fachpublikum und auf anspruchsvollstem Niveau die unterhaltungselektronischen Trends von übermorgen zu präsentieren. Erwähnte ich bereits, dass es mir höchste Anstrengungen abverlangt, eine Kurzmitteilung per Mobiltelefon zu versenden?

Mike war recht genau der Typ Mann, für den das Wort „Nerd" erfunden wurde, ein schmales, bleiches Bübchen von höchstens 23 Jahren, das in seinem Leben augenscheinlich noch nicht viel anderes gesehen hat als Computer. Er setzte mich vor einen Laptop und öffnete eine Powerpoint-Präsentation. Auf der oberen Bildschirmhälfte erschienen krude Grafiken, die zugleich auf eine Leinwand projiziert wurden, auf der unteren, nur auf dem Monitor sichtbar, ein komplett vorformulierter Text, den ich monoton, aber mit astreiner German School English Pronounciation herunterschnorrte: „Hello, first of all, I would like to welcome you all to our overview presentation ...". Der Inhalt blieb mir weitgehend verschlossen; es ging wohl irgendwie darum, dass das ganze elektronische Gelumpe, das man zu Hause rumliegen hat, künftig drahtlos miteinander verpümpelt werden soll, wozu auch immer das gut sein soll.

Ich unterdrückte den Impuls, vor freudiger Überraschung einen Pfiff auszustoßen, und unterbreitete kühl eine Forderung, die man getrost als unverschämt bezeichnen darf

Nach fünfzehn Minuten hatte ich den Text abgenudelt und den Job in der Tasche. Ich bestand darauf, die Präsentation nicht auswendig lernen zu müssen, sondern auch bei den nächsten achtundvierzig Malen vom Bildschirm ablesen zu dürfen. Im Gegenzug erklärte ich mich bereit, in Schlips und Anzug zum Dienst zu erscheinen. Das war keine Selbstverständlichkeit, denn eigentlich pflege ich mich im legeren Stil der Neuen Schlonzigkeit zu kleiden. Ich musste daher eigens sieben Euro in eine traurige, steingraue Polyesterkrawatte investieren, die billigste, die C&A im Sortiment führte.

Im äußeren Gesamterscheinungsbild eines Mannes, der als Konfirmand verkleidet zu einem Kostümfest geht, betrat der Experte für Home Entertainment Punkt neun Uhr fünfzehn die Messehallen und begab sich unverzüglich ins Technisch-Wissenschaftliche Forum. Sein Arbeitsplatz, ein leintuchbegrenztes Kabuff am Rande von Mikes Stand, hatte sich seit dem Vortag lediglich insofern verändert, als mittlerweile zehn Stühle für die erwartete Zuhörerschaft aufgestellt waren. Mike legte eine sorgenvolle Miene auf: Leider sei es noch nicht gelungen, eine Mikrofonanlage zu organisieren, ich solle in einer Stunde wiederkommen. Ich legte mein Jackett ab, lockerte den Krawattenknoten und sonnte mich auf dem Rasen des Sommergartens inmitten des Berliner Messezentrums. Um zehn Uhr dreißig fand ich den Stand unverändert vor, was mir ein weiteres Stündchen Sonnenbaden einbrachte.

Um elf Uhr dreißig wurde ich zu meiner nicht geringen Überraschung Zeuge, wie sich ein Saaltechniker in meinem Kabuff an einer Lautsprecheranlage zu schaffen machte. Um dreizehn Uhr dreißig endlich war alles soweit, ich schritt bedeutend hinter mein Rednerpult, Mike brachte den Laptop herbei und öffnete die Powerpoint-Präsentation, was den sofortigen Totalabsturz des Rechners zur Folge hatte. Eine halbe Stunde lang beugte sich Mike über das Gerät, versuchte bald dies, bald jenes, dann war der Schaden behoben. Ich räusperte mich ein-, zweimal vor den zehn leeren Stühlen, imaginierte ein interessiertes Fachpublikum, sog tief Luft ein und wollte soeben ansetzen, ein sonores „Hello, first of all, I would like to welcome you all to our…“ vom Bildschirm abzulesen, als am Gemeinschaftsstand von ARD und ZDF, der direkt an mein Kabuff angrenzte, eine gut besuchte, über mächtige Lautsprecher verstärkte Podiumsdiskussion über die Perspektiven des digitalen Rundfunks eröffnet wurde.

Mike entschied, dass gegen eine solche Konkurrenz nicht anzuschallen sei und mein Vortrag weiter warten müsse; ja, er zeigte gar unübersehbare Anzeichen nervlicher Zermürbung, die in folgenden Vorschlag mündeten: Er drücke mir sofort 500 Euro in bar in die Hand, wenn ich als Gegenleistung nichts weiter tue, als augenblicklich zu verschwinden und mich niemals mehr blicken zu lassen. Ich reagierte empört: Hire and Fire, das sei vielleicht in

Amerika an der Tagesordnung, doch hier in Deutschland sei das zum Glück noch anders, da werde jemand, der für sechs Tage gebucht wurde, auch für sechs Tage bezahlt. Nun gut, knickte Mike widerstands-, ja willenlos ein, dann gebe es eben Präsentationen, und zwar zu jeder Stunde, an der die öffentlich-rechtliche Großbühne nicht bespielt wird. Wir gingen das am Nachbarstand ausliegende Programm durch und stellten fest, daß die öffentlich-rechtliche Großbühne praktisch durchgehend bespielt wurde, außer frühmorgens und kurz vor Feierabend. Immerhin kamen wir auf zwölf mögliche Termine.

Plötzlich musste alles sehr schnell gehen: Die Podiumsdiskussion endete unvermittelt, Hunderte Zuhörer erhoben sich und strebten dem Ausgang zu, ich eilte zu meinem Pult, um möglichst viele von ihnen mit einem gewinnenden „Hello, first of all, I would like to welcome you all…" zu unserem Stand zu locken, fand aber keinerlei Gehör, was wiederum dem simplen Umstand geschuldet war, dass die Lautsprecher abgeschaltet waren. Mike drehte und drückte verzweifelt an allen auffindbaren Knöpfen und Schaltern herum, und tatsächlich gelang es ihm binnen weniger Minuten, den Fehler zu beheben. Da freilich war die Halle bereits längst wieder in ihren alten Dämmerschlaf gefallen, so dass meine Botschaft von der drahtlosen Verpümpelung des Elektronikgelumpes weitgehend ungehört blieb. Immerhin regten sich anschließend drei Händepaare zu einem dürren Applaus, ein Erfolg, den ich den übrigen Standmitarbeitern verdankte. Sie waren den ganzen Tag beschäftigungslos herumgesessen, so dass ihnen jede auch noch so öde Abwechslung willkommen war. Keine halbe Stunde später ließ ich ein zweites Mal mein lockendes „Hello, first of all, I would like…" durch das verwaiste Technisch-Wissenschaftliche Forum wehen, eine durchaus selbstische Angelegenheit, denn nun hörten nicht einmal mehr die Mitarbeiter zu. Sie spielten lieber mit den bedruckten Flummis, die sie eigentlich der Kundschaft, wäre eine

Im äußeren Gesamterscheinungsbild eines Mannes, der als Konfirmand verkleidet zu einem Kostümfest geht, betrat der Experte für Home Entertainment Punkt neun Uhr fünfzehn die Messehallen

solche zugegen gewesen, als Werbegeschenk hätten überreichen sollen. Dann war's vollbracht. Ich packte, ohne dass mir ein Abschiedswort oder sonst irgendeine Beachtung zuteil wurde, mein Ränzel und trollte mich.

Anderntags, ich wollte mich gerade auf den Weg zur Arbeit machen, erreichte mich ein Anruf von Mike, der sein Ausstiegsangebot aufstockte: Er überweise mir sofort und mit großen Freuden 750 Euro, aber bitte, flehte er, bittebitte keine Presentations mehr! Ich fiel aus allen Wolken. Wenn es der Stil dieser halbseidenen Firma sei, kurzfristig angeworbene Experten bei nächstbester Gelegenheit eiskalt vor die Tür zu setzen, so erklärte ich bitter, dann sei einer weiteren vertrauensvollen Zusammenarbeit wohl in der Tat die Basis genommen. Ich klammere mich nicht auf Gedeih und Verderb an meinen Arbeitsplatz; allerdings möge Mike berücksichtigen, dass ich, um den Job annehmen zu können, einen anderen abgesagt hätte, für den mir 1000 Euro garantiert worden seien. Wenigstens diese Summe müsse mir erstattet werden, andernfalls könne ich mir einen Abschied ohne Anwalt kaum vorstellen.

Nun zeigte sich, wie tief das Misstrauen der amerikanische Nation gegenüber allen Fremden seit den Ereignissen vom 11. September sitzt: Anstatt meine Beteuerung auf Treu und Glauben hinzunehmen, verlangte Mike eine schriftliche Bestätigung des Verdienstausfalls durch den anderen Arbeitgeber. Aber so etwas ist ja schnell angefertigt, und so landete zwei Wochen später zu meiner eigenen Überraschung tatsächlich eine Überweisung aus den USA auf meinem Konto. Allerdings nur über 983 Euro. Die Kosten für den internationalen Geldtransfer musste ich selbst tragen.

Verdammte kapitalistische Ausbeuterschweine.

Klaus Cäsar Zehrer

Gebet eines Pferdes

Gib mir zu fressen, gib mir zu trinken und sorg für mich, und wenn des Tages Arbeit getan ist, gib mir Obdach, ein sauberes Lager und eine breite Box. Sprich zu mir, oft ersetzt deine Stimme die Zügel.

Bitte sei gut zu mir und ich werde dir noch freudiger dienen und dich lieben.

Reiß nicht am Zügel, greif nicht zur Peitsche, wenn es aufwärts geht. Schlage und stoße mich nicht, wenn ich dich missverstehe, sondern gib mir Zeit, dich zu verstehen.

Halte mich nicht für ungehorsam, wenn ich deinen Willen nicht erfülle. Vielleicht sind Sattelzeug und Hufe nicht in Ordnung.

Prüfe meine Zähne, wenn ich nicht fressen mag, vielleicht tut mir ein Zahn weh und du weißt, wie das schmerzt.

Halte mich nicht zu kurz und kupiere meinen Schweif nicht, er ist meine einzige Waffe gegen Fliegen und Moskitos.

Und wenn es zu Ende geht, geliebter Herr, wenn ich dir nicht mehr zu nützen vermag, lasse mich bitte nicht hungern und frieren und verkaufe mich nicht.

Gib mir nicht einen fremden Herrn, der mich langsam zu Tode quält und mich verhungern lässt, sondern sei gütig und bereite mir einen schnellen und barmherzigen Tod. Gott wird es dir lohnen hier und in Ewigkeit.

Lasse mich dies von dir erbitten und glaube nicht, dass es mir an Ehrfurcht gebricht, wenn ich es im Namen dessen tue, der in einem Stall geboren wurde.

Amen

Aus einem englischen Reitstall, Autor unbekannt

Land in Sicht

„Was soll nur aus mir werden, wenn ich mit der Schule fertig bin?" Diese Frage tausender Schulabgänger stellen sich auch Martin Pilling und sein Team – und beantworteten sie in ihrem Musikvideo „Land in Sicht". Die Premierenfeier dazu gab es in Halle – zwei Tage nach Martins Abiturprüfung.

LAND IN SICHT

Musik/Musikvideo in Halle
Martin Pilling, Salzmünde
Daniel Möller (Gitarre/Gesang), Maida Hueckelitch (Frontsängerin, Präsentationsort), Stefan Treffler (Schlagzeug), Christian Treffler (Moderator, Werbung), Wolfgang Höhne (Aufnahme), Sebastian Gomon (Schnitt)

Ich fühl die Freiheit,
doch ich habe Angst!
Was kommt auf mich zu?
Was fang ich mit meinem
Leben an?

Ich muss mich entscheiden,
das fällt mir schwer!
So viele Fragen,
sind noch ungeklärt?

Was will ich erreichen?
Was ist mein Ziel?
Job und Familie,
ein schwerer Weg!

Ich werde ihn gehn,
weis noch nicht wohin!
Was die Zukunft bringt,
das werd ich sehn!

Chorus:
Kein Land in Sicht,
kein Land in Sicht
ich schwimme weiter
im Strom der Gezeiten.

WIE ARBEITET EIGENTLICH ...

Hortensia Völckers

26 Fragen an die Künstlerische Direktorin der Kulturstiftung des Bundes

In den bürgerlichen Salons des 19. Jahrhunderts bestand ein beliebtes Gesellschaftsspiel darin, einen Fragebogen auszufüllen. 100 Jahre später delektierten sich die klugen Köpfe von Lesern einer großen bürgerlich-konservativen Zeitung an den Antworten prominenter Zeitgenossen auf die vergleichsweise altmodischen Fragen. Immerhin war sich Marcel Proust nicht zu schade, diesen Fragebogen gleich zweimal in seinem Leben auszufüllen.

Im 21. Jahrhundert scheint das Fragebogenspiel immer noch oder wieder in Mode. Allerdings wurden Formen und Fragen dem Chic der Lifestyle-Magazine angepasst. Aus Anlass des Buches zum **100.000 EURO JOB** haben wir den alten Fragebogen bearbeitet und ihn auf die heutige Arbeitswelt frisiert. Hortensia Völckers, Künstlerische Direktorin der Kulturstiftung des Bundes, die das Projekt **DER 100.000 EURO JOB** im Rahmen ihres Programms „Arbeit in Zukunft" initiiert hat, wurde von uns um Antworten gebeten.

Wo möchten Sie arbeiten?
Bei der Kulturstiftung des Bundes.

Wann kann Arbeit für Sie das vollkommene irdische Glück sein? Wenn ich durch sie etwas gestalten und in der Gesellschaft verändern kann.

Welches ist für Sie das größte Unglück in der Arbeitswelt?
Wenn nur noch die Arbeit zählt.

Was macht Ihnen Angst?
Kinder ohne Chance.

Ihre Lieblingsgestalt in der Geschichte der Arbeiterbewegung? Rosa Luxemburg.

Wen würden Sie mit dem Orden „Held oder Heldin der Arbeit" auszeichnen? Sisyphos.

Ihre Lieblingsarbeit?
Projekte bauen.

Welche Eigenschaften schätzen sie bei einem Kapitalisten am meisten? Gemeinsinn.

Welche Eigenschaften schätzen Sie bei einem Kommunisten am meisten? Realitätssinn.

Welche Tugend halten Sie für überholt? Keine, im Gegenteil: wir schätzen Tugenden zu wenig.

Wer oder was hätten Sie gern sein mögen? Popsängerin.

Was schätzen Sie bei Ihren Kollegen am meisten? Humor.

Ihr Lieblingsgegenstand im Schlaraffenland? Die berghohe Mauer aus Reisbrei, durch die sich erst hindurchessen muss, wer hinein oder heraus will.

Was wollten Sie als Kind werden? Künstlerin.

Welches ist der fleißigste Vogel? Manchmal der schräge.

Wann arbeiten Sie am produktivsten? Im Gespräch.

Ihr Lieblingsschriftsteller? Immer der, den ich gerade lese

Ihr Lieblingschef? Der seinen Job macht.

Was verabscheuen Sie am meisten? Intrigen.

Welche geschichtlichen Gestalten – außer Hitler, Stalin und Ford – verabscheuen Sie am meisten? Alle Diktatoren.

Welche Reform/en bewundern Sie am meisten? Bismarcks Sozialreformen, das allgemeine Wahlrecht für Frauen.

Welche Abgabe würden sie am liebsten einführen? Eine CO_2-Steuer.

Welches Erbe möchten Sie gern antreten? Das Kulturerbe.

Wofür würden Sie sich unentgeltlich engagieren? Für etwas, das nicht verwertbar ist und mir am Herzen liegt.

Ihre gegenwärtige Arbeitshaltung? Suchend.

Ihr Motto? In der Kunst ist es schwer etwas zu sagen, was so gut ist, wie nichts zu sagen. (Ludwig Wittgenstein)

2. ARBEITSLOSIGKEIT

KEINE ARBEIT FÜR NIEMAND

Das ist Ironie:

Die Anfrage bekommen, ob ich einen Beitrag über Arbeitslosigkeit schreiben könnte. Über die Arbeitslosigkeit zu arbeiten. Kein Wunder, dass mir nichts einfällt, denn ich bin gestresst, Deadline ist in vier Stunden. Überarbeitung, Karoshi, alles kein Problem, aber Arbeitslosigkeit? Nunja.

Keine Arbeit für niemand

Das ist Ironie: Die Anfrage bekommen, ob ich einen Beitrag über Arbeitslosigkeit schreiben könnte. Über die Arbeitslosigkeit zu arbeiten. Kein Wunder, dass mir nichts einfällt, denn ich bin gestresst, Deadline ist in vier Stunden. Überarbeitung, Karoshi, alles kein Problem, aber Arbeitslosigkeit? Nunja.

Kurzes Brainstorming. Am Ende stehen die Worte Konjunkturschwankung, Einsparpotential, saisonal bedingte Entlassung, Restrukturierungsmaßnahme und Kostenminimierung auf dem Zettel. Ich will nie so tief sinken, als dass zwei oder mehr der Worte Konjunkturschwankung, Einsparpotential, saisonal bedingte Entlassung, Restrukturierungsmaßnahme oder Kostenminimierung in einem meiner Texte vorkommen. Analyse entfällt also.

Persönliche Erinnerungen, Anekdoten, irgendwas. Da muss doch was zu machen sein. Aber in meinem Leben habe ich nur einen einzigen Arbeitslosen näher kennen gelernt dürfen: Einen dem Suff verfallenen Seemann, der in erster Linie Alkoholiker, in zweiter Linie Seemann und erst dann Arbeitsloser war. Traurige, lustige und auch moralische Anekdoten gäbe es wohl über ihn zu erzählen, nur: über Alkohol. Über Seefahrt. Über Seemänner auf Landgang. Nichts über Arbeitslosigkeit (außer, dass der Seemann, weil er arbeitslos war und Zeit hatte und der Alkohol, den er sich verschaffte, billiger war als Benzin kurz vor der Ölkrise, doppelt so viel soff, aber das gehört nicht in die kalte Glut).

Arbeitslose – wo begegnet man denen? Im Fernsehen (hab ich nicht), in diversen Statistiken (lese ich nicht) und auf der Straße, Bier in der einen, Zigarette in der anderen Hand, mit Hund (am Pullern), Bart (struppig) und/oder schlechten Zähnen (angedunkelt).

Das aber sind keine Arbeitslose: Menschen, die jetzt gerade besseres zu tun haben, als für die PIN-AG für den Gegenwert dreier Pfandflaschen die Stunde Gerichtsvollzieherschreiben und polizeiliche Vorladungen durch die Gegend zu karren, Bier trinken zum Beispiel, Zigaretten rauchen. Menschen, die also machen, was man so macht. Texte schreiben.

Frédéric Valin

Als Gastarbeiter überleben

Auf der Suche nach Arbeit kommen die jungen Italiener Marco und Rodolpho als illegale Einwanderer in die USA. Marco lässt seine Familie in Italien zurück, um mit dem verdienten Geld deren Existenz zu sichern. Später will er zu ihr zurückkehren. Rodolpho hingegen träumt von einem besseren Leben jenseits materieller Not. Seine Cousine Beatrice, die mit ihrem Mann Eddie und dessen Nichte Catherine lebt, gewährt den beiden Unterschlupf. Doch Eddies Gastfreundlichkeit schlägt um, als er die Zuneigung zwischen Rodolpho und Catherine bemerkt. Die Spannungen werden zu Feindseligkeiten, und schließlich zeigt Eddie seine „Gäste" anonym bei der Einwanderungsbehörde an. Marco und Rodolpho werden daraufhin von der Polizei in Gewahrsam genommen. Während Rodolpho die amerikanische Staatsbürgerschaft durch die Heirat mit Catherine erlangen könnte, droht Marco die sofortige Abschiebung. Noch einmal eskaliert die angespannte Situation.

EIN BLICK VON DER BRÜCKE
VON ARTHUR MILLER
Theater
Sonja Winkel, Berlin

Das Stück „A View from the Bridge" von Arthur Miller entstand in den Fünfzigerjahren und ist situiert im prototypischen Einwan-

The play does not attempt to swamp an audience in tears. But it is possible now to relate his actions to our own and thus to understand ourselves a little better not only as isolated psychological entities, but as we connect to our fellows and our long past together. (Arthur Miller über „Ein Blick von der Brücke", in „The Theatre Essays of Arthur Miller", London, 1999.)

derungsland USA. Trotzdem könnte auch ein Ausschnitt aus dem Leben in einem Berliner Kiez die Matrize für den Plot geliefert haben, eine tragische Geschichte, die einem ein Nachbar erzählen könnte. Obwohl die Figuren Rodolpho und Marco „Illegale" sind und der Status der meisten Berliner nicht-deutscher Herkunft nach dem Gesetz legal ist, ähneln sich deren Geschichten. Die Arbeits- und Lebenswelt der Einwanderer wird auch in unserer Gesellschaft vom Kampf um die bloße Existenz, deren Sicherung durch Arbeit, der Sehnsucht nach Selbstverwirklichung und nicht zuletzt durch den rechtlichen Status bestimmt.

Auf verschiedenen Ebenen setzt sich „A View from the Bridge" mit Migration und der Suche nach Arbeit in einem fremden Land auseinander und changiert so zwischen den Ängsten und Träumen der Protagonisten.

Vor dem Hintergrund der Aktualität des fast sechzig Jahre alten Stückes ist die Neuinszenierung ein Experiment. Es soll sich zeigen, ob die Gegenwart alleine auf der Basis des Miller-Textes hervortreten wird oder ob diese Wirkung erst mit Eingriffen in den Originaltext oder aber durch die Einarbeitung fremder Texte erreicht werden kann.

Migration und illegale Einwanderung sind Themen, die bei uns fast ausschließlich in Zahlen und Statistiken verkleidet thematisiert werden. Zahlen über Asylanträge, Asylbewerber und „Illegale". Selten wird nach den Geschichten und Erfahrungen der Betroffenen gefragt. Die Inszenierung von Sonja Winkel bringt diese auf die Bühne und macht damit einen Bereich von Arbeit sichtbar, den der gängige Arbeitsbegriff nicht umfasst. Nach illegaler Arbeit fragen heißt, sich außerhalb der arbeitspolitischen Normen und Begrifflichkeiten zu bewegen. In diesem Zwischenraum tritt ein System zu Tage, in dem Menschen es vorziehen in die Illegalität zu gehen und ihre Rechte einbüßen, nur um ihre Existenz sichern zu können.

Lebst du noch oder arbeitest du schon?

Von der Grenze zwischen Arbeit und Arbeitslos

Bagger fahren ist Arbeit. Kellnern ist Arbeit. Aber Fußballspielen? Oder Bewerbungsgespräche führen? Vor der Bundesagentur für Arbeit warten? Und was ist mit Oma Erika beim Einkaufen helfen oder in der Hängematte liegen? Gibt es überhaupt eine Grenze zwischen arbeitend und arbeitslos und damit Kontraste zwischen Arbeitenden und Arbeitslosen?

Vor dem Hintergrund dieser Fragestellung entstanden Schwarz-Weiß-Porträts für eine Ausstellung in der Leipziger Kunst- und Bauschlosserei, die Arbeitende und Arbeitslose zeigen. Die Besucher der Ausstellung mussten dabei selbst entscheiden, zu welcher Kategorie die abgebildeten Personen gehören.

Die Fotos zeigten zum einen stereotype Bilder von Arbeitenden, zum Beispiel einen Schlosser, eine Krankenschwester, eine Schriftsetzerin oder einen Büroangestellten. Auf anderen Fotos war die Tätigkeit der dargestellten Person nicht eindeutig zu bestimmen. So zum Beispiel bei dem Porträt eines Mannes, der in einer Bibliothek neben den Karteikartenschränken steht.

Während der Ausstellung wurde ich gefragt, warum ich keine Hausfrauen fotografiert habe und ob ich Hausarbeit nicht als Arbeit ansehen würde.

Nach welchen Parametern entscheiden wir, ob etwas Arbeit ist oder nicht? Und wer entscheidet, wann etwas Arbeit ist? Ist Arbeit noch Arbeit, wenn sie Spaß macht? Oder ist Arbeit nur dann Arbeit, wenn sie bezahlt wird?

Die Bilder der Ausstellung beantworten diese Fragen nicht, sondern werfen sie auf den Betrachter zurück. Realität und Wahrnehmung klaffen häufig auseinander, dies wird gerade bei unseren Vorstellungen von Arbeit deutlich. Die Kategorien Arbeit und Nichtarbeit, Arbeit und Freizeit oder Überarbeitung und Arbeitslosigkeit sind keineswegs so scharf zu trennen, wie es die Begriffe und deren Verwendung suggerieren.

Aus der Fotoserie „Kontraste"

Veranstalter des Projekts „Kontraste!?" ist der Leipziger Christopher Grundlach. Zusammen mit Christian Laukat, der das Projekt „feel the rhythm" umgesetzt hat, hat er seine Arbeiten in der Gemeinschaftsausstellung „Rabota2006" vorgestellt.

KONTRASTE?!

Ausstellung - Installation / Foto

Christopher Gundlach, Leipzig

rabota2006.de

Arbeitslosenstreichelzoo

„Ein Euro die Stunde? Das ist ja super!"

Mitten auf dem Alexanderplatz stand ein Käfig aus Bauzäunen, in dem Menschen hockten.

„Wir eröffnen einen Arbeitslosenstreichelzoo, in dem Besucher die Möglichkeit haben, einmal hautnah Arbeitslose zu erleben, die sie sonst vielleicht nur aus dem Fernsehen kennen." So kündigten TWA ihr Projekt an. Und weiter: „Die Passanten können mit den Arbeitslosen sprechen und sie sogar anfassen. Nur füttern ist natürlich verboten. Im Streichelzoo sind verschiedene Gattungen des Arbeitslosen zu besichtigen. Da gibt es zum Beispiel den gemeinen Arbeitsscheuen, den Unterqualifizierten, den Überqualifizierten und den Arbeitslosen mit Migrationshintergrund."

Die Arbeitslosen konnten aber nicht nur gestreichelt werden, Frau Knecht bot Ihnen auch hin und wieder Ein-Euro-Jobs an. „Aber natürlich können sich die Passanten auch selbst Jobs für die Hartz-IV-Empfänger ausdenken. Es lässt sich zum Beispiel gerade jemand eine Bratwurst holen", erklärt sie. Jeder Kurzzeit-Arbeitgeber bekam von ihr eine Ein-Euro-Urkunde. Zu bewältigende Jobs waren unter anderem: ein Glas Luft fangen, Wolken zählen, Komplimente machen und Schuhe putzen. Entlohnt wurden die Arbeitslosen mit einem symbolischen Ein-Euro-Scheck. Auch Zwangsumzüge gehörten zur Inszenierung: Einer der Hartz-IV-Empfänger fuhr mit einem Fahrrad und einem Anhänger voller Sperrmüll immer wieder um den Streichelzoo herum und lud seine „Möbel" alle paar Meter ab, wurde aber immer wieder weitergescheucht.

DER ARBEITS-LOSEN-STREICHEL-ZOO
Aktion/Performance
Gruppe TWA (Thoughts Words Action), Berlin

Die Kritik an der Arbeitsmarktreform und den Hartz-Gesetzen war nicht zu übersehen. Die Initiatoren: „Wir wollten zeigen, wie die hohe Arbeitslosenquote dazu benutzt wird, den werktätigen Teil der Bevölkerung unter Druck zu setzen, ihn zu mehr Leistung anzutreiben und Bedingungen zu legitimieren, die seine Arbeitskraft zwar immer schamloser ausbeuten, aber doch scheinbar in seinem eigenen Interesse liegen. Wir wollten zeigen, wie man Arbeitslose zwingt sinnlose Aufgaben zu übernehmen, um sie aus den Statistiken streichen zu können." Vorbei seien die Zeiten, in denen es hieß: „Stell Dich nicht an. Wer arbeiten will, findet auch welche." Stattdessen: „In diesen Zeiten muss man halt auch mal seinen Stolz beiseite lassen und mit nem Hochschulabschluss Essen ausfahren. Kann ja nicht so schlimm sein."

Der Streichelzoo erregte auf dem Alexanderplatz einige Aufmerksamkeit, wobei die Reaktionen sehr unterschiedlich waren und eine eigene Dynamik entwickelten: Manche diskutierten über den theoretischen Hintergrund und bekundeten ihre Solidarität mit den vorgeführten Arbeitslosen. Andere wiederum machte es Spaß sich neue Tätigkeitsfelder für die „Insassen" auszudenken.

DAS SUPATOPCHECKERBUNNY MEINT:

Auch ein interessanter Aspekt bei der Sache: Ob die Passanten vom Alexanderplatz nicht oft selber arbeitslos waren? Dann haben vielleicht echte Arbeitslose gespielten Arbeitslosen gespielte Arbeiten gegeben und wurden so zu gespielten Arbeitgebern. Eine sehr vielschichtige Situation!

Wenn die Lehrerin am letzten Schultag vor den Ferien ins Klassenbuch eintrug, wohin jeder fahren würde, gab es immer welche, die zugeben mussten, dass sie die ganzen Ferien über zu den von der Schule organisierten Ferienspielen gehen würden, weil ihre Eltern sich nicht um etwas Eigenes kümmerten. Manche gingen auch arbeiten, weil zu Hause nicht genug Geld zum Klauen rumlag. Einmal wollte ich das auch ausprobieren, man hatte von Traumgehältern gehört, die der Milchhof Buch fürs Flaschensortieren zahlen sollte. Für jede Kiste, die man mit 25 leeren Flaschen gefüllt hatte, bekam man 15 Pfennig. In zwei Wochen könnte ich 1600 Mark verdienen! Ich fühlte mich plötzlich schon so reich, dass ich vor Aufregung nicht einschlafen konnte. Zum Ferienbeginn ging ich mit meinem Bruder zum Milchhof. Ich hatte gar nicht gewusst, dass sich ein Betrieb hinter dieser grauen Mauer befand.

JOCHEN SCHMIDT

Mit jeder Mark, jeder Sekunde, jedem Gramm Material einen höheren Nutzeffekt

DAS ERSTE MAL

Was war das überhaupt, ein Betrieb? Ich kannte das von den Eltern meiner Freunde, die alle einen Betrieb hatten, in dem sie ihr Leben lang arbeiteten. In welchem Betrieb würde ich mein Leben verbringen?

Auf dem Milchhof-Gelände arbeitete ein Dutzend Bauarbeiter an einer neuen Halle, das Fundament war schon fertig. Wir huschten an den rauhen Männern vorbei und wagten uns in die Schreibtischstube der Bürobaracke vor. „Watt wollt ihr denn hier?" „Wir dachten, hier kann man in den Ferien arbeiten." „Wie kommt ihrn uff ditt schmale Brett?" „Na, Lutz Steinbach und Guido Kohn haben doch auch hier gearbeitet." „Kenn ick nich. Ronny, machst du ditt mal? Ick hab keene Zeit für die watt zu tun zu finden." Ronny drückte uns zwei von diesen blauen Latzhosen in die Hand, die, ohne je gewaschen zu werden, ganz ausgewaschen wirken. Dann bekamen wir Zitronentee aus einem großen Blechkanister mit einem Zapfhähnchen und setzten uns damit in den Aufenthaltsraum. Dort hielten wir uns vier Stunden auf und warteten, ohne zu wissen worauf. Wir legten den Kopf auf den Tisch und dösten. Es war viel deprimierender, auf Arbeit nichts zu tun, als in der Freizeit; wie hielten die anderen das aus? Draußen brannte die Sonne aufs menschenleere Gelände, manchmal zerklirrte eine Flasche in der Ferne oder man hörte einen Bauarbeiter ein Schimpfwort rufen. Gegen Mittag wurden nebenan Stühle gerückt und jemand aß sein Pausenbrot. Als wir das Gefühl hatten, die Arbeitszeit könnte zuende sein, trauten wir uns wieder zum Meister ins Büro. „Ihr krepelt ja immer noch hier rum!" „Wann ist denn Feierabend?" „Mensch, ick hatte euch janz verjessen, hat Ronny euch nich einjewiesen?" „Nee, wir waren im Aufenthaltsraum." „Ach, scheiß druff, denn kommt ihr eben morgen wieder, um sieben, aber bitte pünktlich." Wir schwangen uns auf unsere Klappräder und genossen die knapp bemessene Freizeit bis zum nächsten Morgen. Wir hatten durch unsere Hartnäckigkeit Arbeit gefunden und schwärmten uns von den Fahrradteilen vor, die wir für das Geld kaufen würden. Rückspiegel, Tacho, Katzenaugen, Standlicht, Gangschaltung, Fahrradständer, Flaschenhalter, bis kein Platz mehr wäre, etwas anzuschrauben.

Am nächsten Morgen erschienen wir pünktlich um sieben. Gegen halb acht kamen die Bauarbeiter, um weiter an der neuen Halle zu mauern. Der Meister war die Woche über im zentralen Milchhof in Pankow und Ronny war für uns zuständig. Er kam gegen acht und fragte mich, ob mich auch alle den „schwulen Jochen" nennen würden. „Wie?" „Den schwulen Jochen." Ich verstand erst beim dritten Mal, ich hatte so ein schweinisches Wort noch nie gehört. „Nee, wieso?" „Na, ick kenn eenen, der heißt Jochen, und den nennen alle den schwulen Jochen." Er zeigte uns das Milchhofgelände, auf dem er den ganzen Tag über Gabelstapler fuhr, einen selbst entworfenen Parcours aus Milchkästen. Leider gab es im Moment für uns keine leeren Flaschen einzusortieren und auch sonst nichts zu tun. Wir sollten erstmal wieder in den Aufenthaltsraum. Die Bauarbeiter, die es

Es war viel deprimierender, auf Arbeit nichts zu tun, als in der Freizeit; wie hielten die anderen das aus?

schafften, die Mauern der neuen Halle jeden Tag um genau eine Reihe Steine zu erhöhen, riefen uns zu: „Lasst euch von dem Hürnie nüscht erzählen!“ Arbeitersolidarität! Am nächsten Tag bekamen wir endlich eine Aufgabe. Die in einer großen Halle lagernden Milchkanister aus Aluminium mussten mit roten Punkten versehen werden. Die Hälfte der Kanister war schon von anderen Schülern in früheren Ferien angepinselt worden. Die Kanister standen bis zur Decke aufgestapelt, wir arbeiteten uns reihenweise voran und merkten nach einer Stunde, dass wir bei dem Tempo schon am Abend fertig sein würden. Und wir wussten nicht, ob Ronny das recht wäre. Um Zeit zu gewinnen, begannen wir, uns Geheimgänge aus Milchkanisterstapeln zu bauen und darin Versteck zu spielen. Dann entdeckten wir, dass die Kanister in den hinteren Reihen von unseren Vorgängern nicht mit Punkten bemalt worden waren, sondern mit Fratzen und einem immer wiederkehrenden rhombusförmigen Zeichen. Wir ließen uns davon inspirieren und malten unsere eigenen Fratzen. Am Abend hatten wir es geschafft, erst die Hälfte der Kanister geschafft zu haben, Ronny war zufrieden. So verging der Sommer unserer Jugend, die Tage strichen träge dahin. Ronny fuhr Gabelstapler, die Bauarbeiter hielten ihren Rhythmus, der Meister kam einmal die Woche gucken, und wir zählten die Stunden und addierten unseren Lohn. Einmal schmiss Ronny bei einem waghalsigen Wendemanöver mit dem Gabelstapler einen großen Stapel leerer Milchflaschenpaletten um. Wir sollten die ganz gebliebenen Flaschen aus dem Scherbenberg retten. Das war uns zu mühsam, wir versuchten lieber, mit den Flaschen zu jonglieren, wenigstens gingen sie dabei kaputt, und wir hatten weniger zu tun. Wer scherte sich schon um leere Milchflaschen? Doch als der Meister uns erwischte, schimpfte er und bückte sich, um ein paar Flaschen aus den Scherben zu retten, mit einer Sorgfalt, als gehörten sie ihm. Es war eine Geste aus einer anderen Zeit. Als

So verging der Sommer unserer Jugend, die Tage strichen träge dahin. Ronny fuhr Gabelstapler, die Bauarbeiter hielten ihren Rhythmus, der Meister kam einmal die Woche gucken, und wir zählten die Stunden und addierten unseren Lohn.

es nach drei Wochen an die Abrechnung ging, zählte der Meister mürrisch das Geld zusammen und zahlte uns aus. Immerhin durften wir unseren Lohn behalten, nicht wie bei der Apfelernte, zu der meine Abiturklasse fuhr, und wo schon vorher feststand, dass das Geld für Solidarität gespendet werden würde, was unseren Fleiß nicht gerade beflügelte. Dafür habe ich mit Äpfeln jonglieren gelernt. Die polnische Brigade, die auf eigene Rechnung arbeitete, war zehnmal so schnell wie wir, wozu brauchten die unsere Solidarität? Morgens trugen wir Gummianzüge gegen die Nässe und mittags schwitzten wir in der Sonne. Es gab so viele Apfelbäume hier, daß es aussichtslos war, sie jemals alle leerpflücken zu wollen, man hätte sie abholzen müssen. Ich fühlte eine große Sinnlosigkeit in mir aufsteigen und haute einmal nachts mit meinem Freund Uwe durch das Bungalow-Fenster ab. Die Flucht glückte, wir standen auf der Landstraße, über uns die Sterne, was sollten wir jetzt anfangen mit unserer Freiheit? Wir hörten abwechselnd auf Uwes Walkman Musik, und als es uns zu kalt wurde, schlichen wir uns wieder zurück in den Bungalow. Später habe ich im PA-Unterricht beim Tiefbaukombinat Starkstromdosen zusammenmontiert und in der nächsten Woche wieder auseinandermontiert, weil in der Zwischenzeit keine neuen Teile gekommen waren. Oder Fliegenvorhänge für Bungalowtüren und Autowaschbürsten mit langen Wasserschläuchen gebastelt. Und im VEB Elektrokeramik Pankow haben wir aus Keramikmasse Laichgrotten für Zierfische geformt, weil jeder Betrieb Konsumgüter herstellen sollte. Bei diesen Abstechern in die Produktion traf man auf Vertreter der Arbeiterklasse, meistens übergewichtige Mädchen in Perlonschürzen, die an einem Gewindefräser saßen und missmutig guckten, während sie so langsam wie möglich neuen Ausschuss produzierten. Ich nahm mir vor, alles daran zu setzen, in meinem Leben nie arbeiten zu müssen. Mit wie viel Arbeit das verbunden sein würde, konnte ich damals noch nicht ahnen.

Management by Prekariat
36 Stunden sind ein Tag

Bei Unternehmensberatungen geht es darum, Rationalisierungspotentiale zu entdecken, Kosten zu minimieren und Leerläufe im Arbeitsprozess zu reduzieren. Manager lassen sich in Sachen Verhandeln, Delegieren oder „Fast Decision" unterweisen.

Warum sollen solche Beratungen nicht von „wirklichen" Fachkräften durchgeführt werden?

Unser Kerngeschäft ist die Produktion von Soft Skills im Umgang mit Deregulierung und die Rückführung dieses Know-hows in den gesellschaftlichen Kreislauf. Dafür stehen die PPWorkshops, in denen Sie in modellhaften Situationen spezifische Schlüsselkompetenzen trainieren können. Somit realisiert sich erstmals eine Verbindung aus Outsourcing-orientierter

Wenn jemand etwas vom Leben mit minimalen Ausgaben versteht und Profi darin ist, unter Extrembedingungen Entscheidungen zu treffen, dann sind es Obdachlose. Das brachliegende Potential dieser Survivalexperten zu nutzen ist die Idee hinter Prekär Potent Consulting (PPC). Ihr Wissenspool und ihre Soft Skills erfahren eine viel zu geringe finanzielle Vergütung und das Potential ihrer Erfahrungen fließt bisher nicht in die Gesellschaft zurück.

Den Leistungsträgern der globalisierten Arbeitswelt bieten wir beispielsweise folgenden Workshop an:

„Workshop 1: 36 Stunden sind ein Tag

In modellhaften Situationen erproben Sie ihre Fähigkeit, unter hohem Druck flexibel und entschlossen zu handeln. Betreut und gecoacht werden Sie dabei von Experten des täglichen Überlebenskampfes, die zum Teil seit mehr als 30 Jahren auf der Straße leben. Workshopsituation: Sie sind in München, eine Stadt, die Sie zu kennen glauben. Doch plötzlich ändert sich ihre Perspektive. Für 36 Stunden, der Dauer des PP-Workshops, sind Sie auf der Straße. Handy weg! Geld weg! Porsche weg! Nacktes Leben. »Wo kriege ich Essen?«, »Zusammen oder alleine durchschlagen?«. Schlafplatz errichten, Schmale-Training (sog. »Betteln«). Flexibilisierung des Zeitmanagements, Geschichten aus dem Alltag der Deregulierung. Utopisches Denken? Nein, die neuen Workshops von PPconsulting!"

Beratung und Personal-Achievement-Modellen. Unsere konsequente Fokussierung auf die Key-Bereiche Finance, Insurance, Public Services, Utilities, Communications und Health Care befähigt uns zu einer besonderen Branchenexpertise. Trainieren Sie in unseren PPworkshops Schlüsselkompetenzen wie Flexibilität, Fast-Decision-Making, Teamfähigkeit und das Vermögen, unter Druck Strategien zu entwickeln.

Neben der Fake-Website entstand im Rahmen des Projektes PPC auch ein achtminütiger Kurzfilm über die Workshops.

PPCONSULTING PREKÄR POTENT

Ausstellung - Installation / Foto

Fabian Hesse & Florian Geierstanger, München

www.ppconsulting.biz

Eine andere Idee von Recycling

„Du lebst in einer Arbeitsgesellschaft, du lebst in einer Konsumgesellschaft, du lebst in einer Wegwerfgesellschaft. Und du bist frei dir deine Arbeit auszusuchen, frei zu kaufen was du möchtest und wegzuwerfen was du nicht mehr brauchst. Was, wenn du dir in Wirklichkeit gar nicht die Arbeit aussuchen kannst, die du machen möchtest? Was, wenn du vielleicht gar keine bezahlte Arbeit findest? Wer bist du dann? Außerhalb dieses Kreislaufs von Arbeiten, Konsumieren und Wegwerfen?"

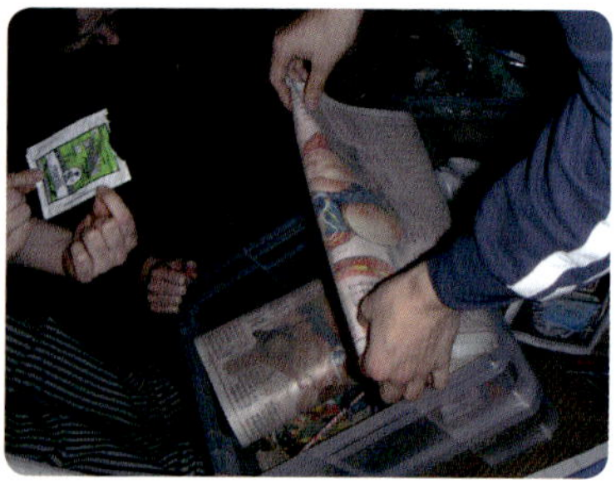

Ausgehend von diesen Fragen haben Joy Harder, Janine Eisenächer und Michael Conrad die „Trash und Narration" geschaffen. „Trash und Narration" ist eine Installation, ein Archiv und eine Werkstatt. Ausgangspunkt sind Müllgegenstände, die in fünf Ländern weggeworfen worden waren.

Die Objekte dieses Müll-Archivs waren zunächst entsprechend ihrer Fundorte verschiedenen Länderindexen zugeordnet, es fanden sich Informationen zum entsprechenden Land und dem konkreten Fundort. Auch Aktionen mit den Gegenständen sowie Kommentare zu ihnen wurden in den Indexen verzeichnet und audiovisuell dokumentiert. So entstanden Interviews und Gespräche, Performances, Fotos, Gedichte, Zeichnungen, filmische Beiträge und Skulpturen. Durch die Internetrecherche einiger Besucher konnte ein Knochen als menschlicher Knochen identifiziert, Gespräche und Interviews darüber geführt, ein Gedicht darüber geschrieben, eine Skulptur daraus gebaut und schließlich ein Kommentar darüber geschrieben werden.

Der Müll erzählte Geschichten und fungierte gleichzeitig als Zeugnis der sonst so abstrakten „Globalisierung". Und aus diesem Un-Wert wurde neuer Wert geschaffen. Die Besucher wurden zu Produzenten, alleine durch das Interesse an der Sache und die Beschäftigung mit ihr. Und dies geschah jenseits der marktwirtschaftlichen Kriterien.

TRASH AND NARRATION. EINE INTERAKTIVE MÜLLHALDE

Ausstellung - Installation / Foto
Joy Harder (Künstlerische Leitung und Sammlerin), Berlin
Janine Eisenächer (Archivarin des Müllarchivs), Michael Conrad (wissenschaftlicher Rechercheur)

GESPRÄCHE IM JOBCENTER NEUKÖLLN

Freiwilliger Erwerbsloser:
Was Arbeit mit Müll zutun haben könnte? Im Müll, würde ich mal ganz philosophisch sagen, zeigt sich der Wahnsinn dieser Gesellschaft. Der Müll ist so kaputt wie eine Gesellschaft, die permanent Müll produziert.

Arbeitslose Schauspielerin:
Arbeit und Müll? Es gibt viel Arbeit und es gibt viel Müll, geistigen Müll, mit dem wir verhindern, dass wir zur eigentlichen Arbeit kommen.

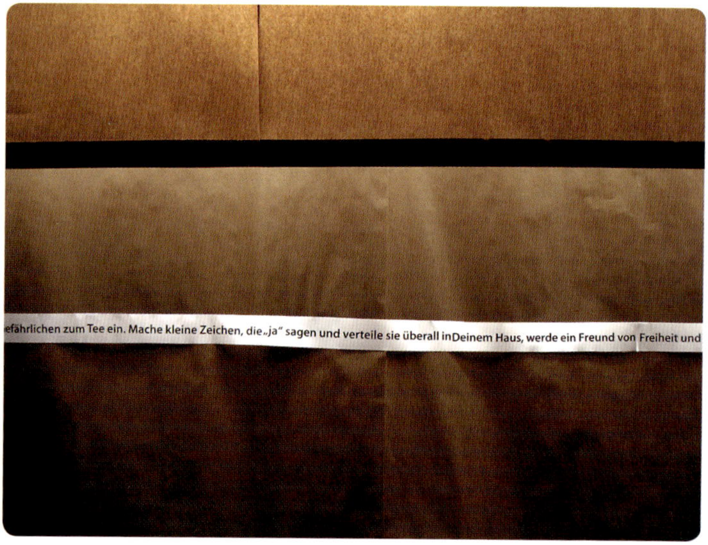

MUT-MACH-MASCHINEN

Eine interaktive Ausstellung in der Stadt des Schuhs

Am Freitag den 19. Januar 2007 fand im Café Lichtblick, einem Erwerbslosencafé in Pirmasens, die Vernissage zu „MUT-MACH-MASCHINEN. Eine interaktive Ausstellung" statt.

In die Mitte eines Saales wurde ein etwa 10m³ großer Quader aus Ölpapier gehängt, in dem sich die einzelnen Mut-Mach-Maschinen-Modelle befanden. Um dieses innere Quadrat herum befand sich der Mut-Mach-Parcours. Die Besucher wurden in kleinen Gruppen von Michael Müller, dem „Erfinder" der Maschinen, durch die Ausstellung geführt und in einem etwa 15-minütigen, teilweise fiktionalen Vortrag erläuterte er die Funktionsweise und Entstehungsgeschichte seiner Maschinen.

MUT-MACH-MASCHINEN
Aktion/Performance in Pirmasens
Michael Müller, Berlin
Cathrin Romeis, Maximiliam Müller, Birgit Moos

Im Anschluss wurden die Besucher eingeladen, an der Entwicklung einer neuen Mut-Mach-Maschine teilzunehmen. Dabei hatten sie die Möglichkeit, eigene Musik aufzunehmen, Gedichte zu puzzeln, zu backen oder neues Konfetti für die Konfettidusche zu produzieren.

Michael Müller: „Diese Apparaturen funktionieren alle nach dem gleichen Prinzip, nämlich: Einerseits kann ich etwas bekommen, es wird mir was angeboten, wie z. B. ein Keks, andererseits hab die Möglichkeit, vor Ort einen neuen Keks zu backen. Also ihn auszustechen, aufs Blech zu legen, in einen kleinen Ofen zu schieben und zu backen. So ist es bei den anderen Sachen auch, ich kann mir an der Musikecke Musik anhören und ich kann das gleiche Lied auch in meiner eigenen Version aufnehmen. Ich kann beim Gedichtautomat Zettel mit Wörtern rausnehmen – das funktioniert ganz ähnlich wie diese Kühlschrankpoesie – und ich kann neue Wörter schreiben. Ebenso beim Konfettiautomaten, ich kann in Konfetti duschen und ich kann neues Konfetti produzieren, mit einem Locher oder einfach Reis." Mut machend ist hier also nicht nur das Konsumieren, sondern auch das Produzieren und sicher auch die Gemeinschaft. Dinge, die Arbeitslosen gewiss auch außerhalb dieses Modells Mut machen würden.

„Ich bin sehr überrascht über die Reaktion des Publikums. Jeder hat da irgendwie Plätzchen gebacken, musiziert, in Konfetti geduscht und alle hatten einen Heidenspaß und es war eine sehr heitere Atmosphäre im Raum. Im

Anschluss kam es auch wirklich zu intensiven Diskussionen darüber, aber weniger über die Installation, oder das, was ich da mache, sondern zum Beispiel über Wege aus der Depression und aus der Mutlosigkeit an sich. Und es hat sich so ein bisschen wie ein Lauffeuer verbreitet und teilweise sind dann auch Leute noch mal gekommen und haben andere mitgebracht.

MUT-MACH-MASCHINEN sind also Kuben im öffentlichen Raum, die man betreten kann und die in einer bestimmten Wirkungsweise ein Mut machendes Element haben."

DAS SUPATOPCHECKERBUNNY MEINT:

Sehr gut, diese MUT-MACH-MASCHINEN, denn Mut ist ja etwas, das man sein ganzes Leben hindurch täglich mehrmals brauchen kann! Ohne Mut wird alles irgendwie lasch und glibberig, besonders man selbst. Allerdings braucht man zusätzlich auch immer noch ein bisschen Glück, das darf man auch nicht verschweigen! Darum sollte Herr Müller als Nächstes noch ein paar GLÜCK-BRING-MASCHINEN bauen, das wäre perfekt!

WIE ARBEITET EIGENTLICH...

Adrienne Goehler

Foto: Hans Martin Fleischer

Ihr Psychologie-Studium hat sie erfolgreich abgeschlossen. Danach führte Adrienne Goehler die grüne FrauenFraktion im Hamburger Parlament an, bevor sie Präsidentin an der Hochschule für bildende Künste in Hamburg wurde. Sie war die Senatorin für Wissenschaft, Forschung und Kultur im Übergangssenat von Berlin, anschließend Kuratorin für den Hauptstadtkulturfond. Das ist, gestrafft, ihr beruflicher Werdegang, ihr konzentriertes Schaffen. Dem Thema Arbeit widmet sie sich auch in ihrem Buch „Verflüssigungen – Wege und Umwege vom Sozialstaat zur Kulturgesellschaft", das 2006 im Campus Verlag erschien.

In diesem thematisiert sie die deutliche Veränderung von Arbeit und deren Formen und regt ein erweitertes Verständnis von Arbeit an. Ihrer Meinung nach werden „die Entwürfe der Industrie-, Dienstleistungs- und Arbeitsgesellschaft nicht mehr länger tragen". Adrienne Goehler bedient sich der Gedanken Richard Floridas von der „kreativen Klasse" und zeigt deren Potential für einen veränderten gesellschaftlichen und auch ökonomischen Resonanzraum auf und skizziert den Übergang zu einer Kulturgesellschaft. Diese gehe einher mit „der Freiheit, zwischen unterschiedlichen Sphären und Phasen des Lebens wählen zu können, zwischen bezahlter Arbeit, Beziehungsarbeit, beruflicher Neuorientierung oder Erweiterung – und ja: auch Müßiggang". Arbeit ist Möglichkeit der Selbstdefinition, vor allem als „herstellendes Handeln", wie Hannah Arendt es beschrieben hat, die von Adrienne Goehler oft zitiert wird. Kultur, Kunst und Wissenschaft sind für Goehler die kreativen Motoren ökonomischer Entwicklungsfähigkeit. Die Arbeitsplätze der Zukunft beschreibt sie als selbstbestimmte, projekt- und teamorientierte, die eher in Netzwerken und weniger in Betrieben eingebunden sind. Sie seien von schwankender Entlohnung bestimmt, aber vor allem eben auch von unbezahlter Eigenarbeit, die Selbstverwirklichung und Eigenverantwortlichkeit versprechen. Damit verbunden sind Zwischenstadien, Unsicherheiten, aber auch Freiheiten.

Sie sieht sich selbst auch in einem Zwischenraum arbeitend, nämlich im „Dazwischen" von Kunst und Politik. Sie prognostiziert das Verschwinden der herkömmlichen Arbeit, die Ablösung durch neue Modelle und lenkt den Blick auf die kulturellen Kräfte der Menschen, denn „KünstlerInnen sind von Haus aus SpezialistInnen für Übergänge, Zwischengewissheiten und Laboratien". Dem statischen Block von „Arbeitgebern – Politik – Arbeitnehmern" sei etwas entgegen zu setzen, so Goehler, nämlich die realen und damit völlig heterogenen Arbeits- und Lebenswirklichkeiten der Gesellschaft, die „beobachtet, weitergedacht, geträumt und erfunden sein" will, die von „Einmischung und zivilem Ungehorsam, von Modellen, Beispielen, die aus den sozialen und intellektuellen Versicherungssystemen ausbrechen," lebt. Es bestünde eine dringende Notwendigkeit „neue Modelle zu erfinden, die einen gesellschaftlichen Mehrwert erzeugen, die Verbindungen und Kooperationen zwischen den noch voneinander abgegrenzten gesellschaftlichen Bereichen suchen und Mischformen generieren, die aus unterschiedlichen Denk- und Lebenswelten kommen". Deshalb spricht sie sich für mehr Flexibilität und Eigenverantwortung aus, für plurale Ökonomien mit subsidiären Beziehungen und für Arbeit als kulturelle Gestaltungsaufgabe: „Wie könnte es den Klang dieser Republik verändern, wenn wir dem verhängnisvollen Cogito dieser Lohnarbeitsgesellschaft ‚Ich werde bezahlt, also bin ich' entwachsen könnten" (taz, 30.04.2007).

Mit dem Mut, sich nach einer Festanstellung wieder zurück ins unsichere Feld der Freiberufler zu wagen, lebt Adrienne Goehler nun in diesem Zwischenraum. Und hat es bisher nicht bereut:

Sie war Kuratorin von „Art Goes Heiligendamm", dem Projekt, das es sich zur Aufgabe gemacht hatte, den G8-Gipfel künstlerisch zu begleiten. Auch hier ging es um Verflüssigungen – um die Aufhebung der Grenzen verschiedener Wahrnehmungs- und Aktionsformen, verschiedener Präsentationen zwischen Kunst und sozialer Bewegung.

Das Projekt war ein Experiment. Und diesen Mut zum Experimentellen fordert sie auch in ihrem Buch.

Lisa Rank

3. KAROSHI

ZU VIEL ARBEIT FÜR ALLE

Den Tod und die Überarbeitung, und wenn beides zusammenkommt und fröhlich Übereinkunft feiert, heißt das Karoshi. Das haben die Japaner erfunden und exportiert, und in Japan gibt es sogar bereits 40 Karoshi-Kliniken. Stellt sich die Frage, wozu durch Überarbeitung Getötete eine Klinik benötigen, ein Bestattungsinstitut wäre angezeigter.

Zu viel Arbeit für alle

Wenn der Tod und die Überarbeitung zusammenkommen und fröhlich Übereinkunft feiern, heißt das Karoshi. Das haben die Japaner erfunden und exportiert, dort gibt es sogar bereits 40 Karoshi-Kliniken. Stellt sich die Frage, wozu Karoshi-Opfer eine Klinik benötigen, ein Bestattungsinstitut wäre angezeigter, mit angehängtem Steinmetzbetrieb, der schöne Sinnsprüche in die Marmorgrabsteine steinmetzt. „Hier ruht der reichste Mann des ganzen Friedhofs" oder so.

Auf die Gefahr hin, als kulturlos verachtet und eurozentrisch genannt zu werden: Ich kann mit japanischer Kultur nichts anfangen. Einmal war ich in Hamburg in einer Ausstellung mit Tuschezeichnungen aus dem 17. Jahrhundert, die in Japan entstanden sind, das war sehr hübsch. Aber ansonsten hat mich nur Super Mario 3 überzeugt, wegen der großartigen Burgen und der uzhässlichen Prinzessin. Wann bekommt man schon einmal uzhässliche Prinzesinnen zu Gesicht.

Ich drifte ab. Unnötigerweise. Denn das Prinzip Karoshi habe ich erschöpfend überhaupt erst durch Super Mario 3 verstanden: Super Mario (oder Luigi) läuft und läuft und läuft, bis ihn so ein flimmerndes rundes Ding, das vage an eine Bildschirmstörung erinnert, im Rücken trifft und er mit einem jubilierenden Sprung den Weg ins Jenseits antritt. Als meine Nachbarin mir erzählte, ihr Vater sei an einem Herzinfarkt gestorben, hab ich leider sehr laut lachen müssen, weil sie vor meinem inneren Auge mit Bart und ein wenig älter von einer runden flimmernden Bildschirmstörung erschlagen wurde und dann aus dem Bild gesprungen ist. Seither muss ich mir Kaffeefilter von den Mietern ein Stockwerk höher borgen.

Ich drifte ab. Arbeiten, sagt mein schlaues Mittelhochdeutsches Wörterbuch, heißt übrigens sich anstrengen, sich quälen und sich bemühen (um). Ausgesprochen wird das ganze übrigens arbeyten, was herb an abbeißen erinnert, nur knirschiger, und damit ja schon anzeigt, dass Arbeit hartes Brot sei.

Ich drifte ab. Aber das passt ja ganz gut zum Thema Tod, bei Lichte besehen.

Frédéric Valin

SANS ESPOIR

Die Performance „systemkritik oder es war doch nur eine flasche wasser" der Gruppe /"sans espoir"/ entstand innerhalb eines dreimonatigen Versuchslabors, einer gelebten Utopie im Kleinen. In Form eines Regelkatalogs wurden Kriterien für das eigene Arbeiten aufgestellt, welche sowohl Handlungsanweisung als auch Reflexion über heutige Arbeitsutopien sind.

SYSTEMKRITIK ODER ES WAR DOCH NUR EINE FLASCHE WASSER **Aktion/Performance**
Markus Schwarzer, Hamburg
Sophie Domenz, Michael Annoff, Reto Winckler, Veronika Lechner, Julia Viebranz

Entstanden ist eine Szenencollage, deren einzelne Elemente nur lose miteinander verbunden sind. Denn eine gemeinsame Utopie, die darüber hinaus auf alle Menschen übertragen werden könnte, haben wir in den Proben nicht entwickelt. Während der Präsentation dominiert die individualistische Utopieebene: Wie möchte ich sein? Ambivalent schillernde Gestalten wie Clint Eastwood, Kathi Witt und ein über die Funktion von Idolen referierender Wissenschaftler treten auf. Das postmoderne Subjekt scheint mit utopischen Selbstbildnissen zu liebäugeln, anstatt an Gesellschaftsentwürfe zu glauben. Offener Schluss sowie offene Frage: War das gemeinsame Arbeiten nun utopische Selbstverwirklichung oder doch nur eine Flasche Wasser als ein Produkt im Getriebe?

Zu Beginn des Arbeitsprozesses standen folgende Arbeitsprinzipien fest: „Wir wollten hierarchiefrei als Kollektiv arbeiten und uns dadurch bewusst vom gegenwärtigen Theaterbetrieb abgrenzen. In den Proben wollten wir gemeinsam Material entwickeln, das unsere Auseinandersetzung mit utopischen Gesellschaftsentwürfen und Formen zukünftigen Arbeitens zeigt. Mit diesen Arbeitsprinzipien wollten wir im Selbstversuch neue Arbeitsverhältnisse erproben."

Einig sind sind sich die Perfomer vor allem in dem Punkt, dass sie die Form des hierarchiefreien Arbeitens kein zweites Mal ausprobieren möchten – zumindest nicht in dieser Zusammensetzung.

Foto: Christiane Stephan

Bernadette La Hengst

Nie mehr vor Mittag

Wir leben jeden Tag,
von Vorgestern bis Übermorgen,
jede Stunde, jede Minute
jede Sekunde, die wir borgen,
scheint uns sinnvoll, doch genauso ohne Sinn
verrinnt die Zeit durch unsere Finger.
Wir verzagen, haben Angst,
daß uns die Welt nicht mehr zu Füßen liegt,
wenn wir nichts wagen, nicht flexibel sind,
nicht kooperativ, und unser Leben ganz
in die Hände unserer Arbeit legen.
Dabei hatte ich mir doch fest geschworen,
nie mehr vor Mittag aufzustehen.

Man nennt uns immer noch jung
und wir sind immer noch spontan,
weil wir wissen, wie man wieder
hochkommt nach einem Orkan,
und die Alten sagen,
man muß für alles bezahlen,
man kriegt nichts geschenkt,
selbst den Tod bezahlt man mit dem Leben.
Dabei hatte ich mir doch fest geschworen,
nie mehr vor Mittag aufzustehen.

Tu nie das, was die Welt von dir will,
sei streitbar und individuell,
Sei nicht immer nur dagegen,
sei auch mal dafür, wenn es sich lohnt.
Wir brauchen keine Arbeit,
wir haben immer was zu tun,
und Langeweile ist ein Job von 8 bis 4,
den niemand haben will, ein Kasten Bier
nach Feierabend macht uns sicher,
hält uns warm,
und hindert uns daran, endlich einzusehen,
daß Arbeit uns nur unsere Zeit stiehlt,
und unsere Ideen.
Dabei hatte ich mir doch fest geschworen,
nie mehr vor Mittag aufzustehen.

„Nie mehr vor Mittag" written by Bernadette La Hengst, mit freundlicher Genehmigung der Freibank Musikverlags- und -vermarktungs GmbH
Aus dem Album „Bernadette La Hengst: La Beat"
CD/LP, Trikont US-0342 / Ritchie Records RitRec031
lahengst.com/labeat.html

Karriere als Krankheit:

Auf Speed... Auf Koks... Auf Arbeit

Arbeitsvermeidungsstrategien professionell erlernen – der Gesundheit zuliebe

Einige Menschen gehen zum Arbeitsamt, andere täglich zu ihrem Job, wieder andere gehen überhaupt keiner Arbeit nach und sind trotzdem glücklich. Dann gibt es noch jene, die so viel arbeiten, dass sie sich völlig in ihrer Arbeit verlieren, krank und süchtig werden: süchtig nach Arbeit. Müssten Arbeitskranke nicht in einem Krankenhaus behandelt werden?

Maja Frank stellte sich diese Frage und engagiert sich gemeinsam mit einigen Freunden für Betroffene. Unter dem Slogan „Zurück zum Leben" werden in der von ihr gegründeten „Human Vital Klinik" Methoden zur Arbeitsentwöhnung offeriert. Zur Philosophie der Klinik heißt es auf der Website:

„Arbeit kann im Leben eines Menschen vielfältige Bedeutungen und Funktionen einnehmen. Unzufriedenheit, Frust und hoher Erwartungsdruck lassen sich scheinbar mit Arbeit oder noch mehr

Arbeit kompensieren. So glaubt man, durch seine tägliche Aufgabe unangenehme Gefühle loszuwerden und fühlt sich währenddessen zeitweise sogar stärker und selbstbewusster.

Irgendwann wird diese Lösung zum Problem. Meist sind es Freunde und Bekannte, die sich über ihre Vernachlässigung beschweren. Viele fühlen sich dann schuldig. Schamgefühle führen häufig zu einem sozialen Rückzug, Selbstverunsicherung und Zweifel an der eigenen Person.

Unser Verständnis in der Behandlung beruht darauf, zunehmend verschüttete Fähigkeiten und Ressourcen wieder zu aktivieren, um die Voraussetzungen für ein selbstbestimmtes und zufriedenes Leben zu schaffen."

Ein spezialisiertes Ärzteteam stehe bereit, chronisch arbeitsabhängige Patienten mit „psychisch bedingter Berufsblindheit, endemischer Arbeitsneurose und verhaltensgestörter Überstunditis" kompetent zu behandeln, hieß es auf der Pressekonferenz.

Das Spektrum an Therapieformen sei breit. Nach eingehender Diagnose mittels Schlafanalyse oder der Ermittlung des Grades der Karrieregeilheit würden verschiedene Behandlungsmethoden angeboten. So kann man im Kurs „Nachruf auf den Beruf" in einer feierlichen Zeremonie mit anschließendem Friedhofsgang und Grabrede im Krematorium die Insignien seines Berufs (Dienstkleidung, Zeugnisse oder Arbeitsmaterialien) verbrennen. Zu einem anderen Kursangebot heißt es auf humanvital.de: „Viele unserer Patienten kommen aus dem öffentlichen Dienst oder arbeiten in Unternehmen mit ausgeprägten Bürokratiestrukturen. Ihnen hilft unser beliebtes Beamten-Mikado. In diesem Kurs machen wir Sie vertraut mit den ausgebufften Drückeberger-Tricks der Apparatschiks und wie sie diese in Ihrem eigenen Berufsleben zur Vermeidung von Arbeit einsetzen können. ‚Wer sich zuerst bewegt, hat verloren' lautet das Motto dieses Kurses."

In Japan ist Arbeitssucht tatsächlich ein gesundheitspolitisches

AUF SPEED... AUF KOKS... AUF ARBEIT
Internet
Maja Frank, Berlin/Leipzig
René Zschoch, Alexander Slansky mit Unterstützung von Andreas Punke, Stephan Tyziak, Dirk Kuntze, Anne Küfner, Merle Hadstein, Franziska Nordmann, Oliver Jurisch

Wir schützen Sie mit unseren Therapien und Kursen zuverlässig vor den Fallen des Arbeitslebens. Kommen Sie zu uns, wenn Sie schon länger das Gefühl haben, neben der Arbeit was zu verpassen, vom Arbeitseifer Ihrer Kollegen genervt sind oder einfach Ihr Leben zurück haben möchten.
Denn Ihr Leben ist kein Hamster-Laufrad und Sie sind kein Berufsmensch. Schenken Sie uns deshalb Ihr Vertrauen.
Ihr Human Vital-Team

Thema. Dort bezeichnet das Wort „Karoshi" den Tod durch Überarbeitung, der mittlerweile als haftungspflichtige Todesart juristisch anerkannt ist. Immer mehr Angehörige von Karoshi-Opfern verklagen die jeweiligen Arbeitgeber auf Entschädigungszahlungen.

Wie der Titel „Auf Speed ... auf Koks ... auf Arbeit" vorwegnimmt, kann man sich in Arbeit ebenso flüchten wie in Drogen, man kann Arbeit ebenso als Kompensation für Probleme nutzen wie Kokain oder Speed. So betrachtet scheint es angebracht, erfolgreichen Jungkarrieristen mit Mitleid zu begegnen. Sie sind besonders gefährdet und benötigen Verständnis für ihr aus dem Gleichgewicht geratenes Wertesystem.

Zwar sind die Standards des Arbeitsschutzes in Deutschland höher als anderswo und gesetzlich vorgeschriebene Arbeitszeiten sollen „Arbeitsunfälle" wie den Karoshi verhindern. Trotzdem stellen sich hier Fragen danach, wer eigentlich die überarbeitete Gesellschaft ist, ob der Stellenwert der Arbeit immer richtig eingeschätzt wird und wie – auf der anderen Seite – ein großer Teil der Bevölkerung damit klarkommt, vom Konsum dieser Droge ausgeschlossen zu sein und den Großteil der Lebenszeit ohne Arbeit zu verbringen.

Auszug aus einem Testergebnis: ...Für Sie ist die Karriere das eigentliche Problem, denn Sie können sich schwer vorstellen, dass Ihr Leben mit weniger Arbeit genauso viel Spaß machen kann. Sie sind häufig unzufrieden mit sich und Ihrem Leben. So haben Sie immer wieder gute Ideen für Ihren Garten oder eine Verkleidungsparty, aber es wird nichts daraus. Es besteht eindeutig Handlungsbedarf. Bitte füllen Sie schnellst möglich unser Bewerbungsformular aus, damit wir mit Ihnen in Kontakt treten können.

humanvital.de

DAS SUPATOPCHECKERBUNNY MEINT:

Toll! Eine schicke Entzugsklinik, eine Webseite mit Jingle und Foto-Lovestory. Dieses Projekt hat eindeutig Glamour, und Glamour ist immer gut, denn wofür sonst der ganze Aufriss mit arbeiten gehen, essen, schlafen, arbeiten gehen, essen, schlafen?

FRAGEN SIE FRAU KATHRIN!

LIEBE FRAU KATHRIN,
Meine Freundin beklagt sich, dass ich hin und wieder mein Notebook mit ins Schlafzimmer nehme, um dort noch ganz kurz eine letzte Mail zu beantworten. Ist das gerecht? Andere Leute nehmen schließlich auch Bücher mit ins Bett.
MAX M., NEUKÖLLN

LIEBER MAX,
wenn Du allein wohnst, darfst Du Dein Notebook natürlich überall mit hinnehmen, sogar aufs Klo und unter die Dusche (in einer dicht schließenden Plastiktüte). Wer aber mit anderen dasselbe Bett bewohnt, darf eigentlich noch nicht mal ein Buch mitbringen. Für Menschen, die im Bett lesen wollen, sind schließlich die getrennten Schlafzimmer erfunden worden. Getrennte Schlafzimmer werden in letzter Zeit, so behaupten zumindest manche Familienforscher, unter anderem deshalb immer beliebter, weil die Arbeit in Form von E-Mail und SMS bis in die letzten Ecken des Privatlebens vordringt. Aber warum nicht gleich Nägel mit Köpfen machen? Deine Freundin soll einfach ausziehen. Dann ist alles wieder in Ordnung.
Mit freundlichen Grüßen **DEINE KATHRIN**

LIEBE FRAU KATHRIN,
ich teile mein Büro mit einer Ratgeberautorin. Immer wenn irgendwas an ihrem Rechner nicht so funktioniert, wie sie sich das vorstellt, hämmert sie unter lautem Gezeter mit der Maus auf die Schreibtischplatte. Als ob das helfen würde. Ich kann so nicht arbeiten. Was soll ich tun?
JAN B., KREUZBERG

LIEBER JAN,
es ist ungehörig, arbeitende Menschen aus dem seltenen und mühsam zu erreichenden Flow-Zustand zu reißen. Und doch gilt: Störungen müssen clientseitig ausgefiltert werden, nicht serverseitig, wo käme man denn sonst hin im Leben? Ich schlage vor, Du beschaffst Dir einen Kopfhörer mit aktiver Geräuschreduktion, dessen hohe Kosten sich durch gesteigerte Arbeitseffizienz sicher schnell amortisieren. Und bitte Deine Kollegin, ihrem Unmut künftig in tiefen, gleichmäßigen Frequenzen Ausdruck zu verleihen, die von solchen Kopfhörern am wirkungsvollsten unterdrückt werden können. Mit freundlichen Grüßen **DEINE KATHRIN**

LIEBE FRAU KATHRIN,

ich ertrinke in E-Mail. In der Zeit, die ich brauche, um eine Mail zu beantworten, gehen schon wieder zwei neue ein, die beantwortet werden wollen. Wie soll ich das den Absendern verständlich machen? Jeder will ja nur eine winzige Kleinigkeit von mir und glaubt mir nicht, wenn ich ihm sage, dass das nicht zu schaffen ist. Ich denke darüber nach, nach Sibirien auszuwandern, aber womöglich gibt es dort inzwischen auch überall Gratis-WLAN.

Da, jetzt sind es schon wieder vier Mails mehr. Hilfe!

INGA S., ZÜRICH

LIEBE INGA,

Du bist Deiner Zeit voraus und brauchst einfach nur abzuwarten und nichts zu tun. Schon in wenigen Jahren werden sich die Absender Deines Mailberges in derselben Situation wiederfinden, in der Du jetzt bist. Dann werden sie sich dafür schämen, dass sie Dich damals heimlich verflucht haben. Außerdem ist es immer gut, für schlechte Zeiten vorzusorgen – vielleicht wirst Du eines Tages arbeitslos und kannst Dich dann die ersten ein, zwei Jahre mit dem Beantworten aufgestauter Mails beschäftigen, anstatt depressiv herumzusitzen.

Mit freundlichen Grüßen

DEINE KATHRIN

LIEBE FRAU KATHRIN,

ist es anständig, andere Menschen mitten in der Nacht anzurufen, wenn man weiß, dass sie dann sowieso noch wach sind? Man lässt sie dann eben vormittags in Ruhe, weil sie da schlafen. Oder gibt es nur ein allgemein verbindliches Zeitfenster am Nachmittag, in dem man alle Anrufe erledigen sollte?

DIETER H., MÜNCHEN

LIEBER DIETER,

man guckt einfach vorher auf das Skype-Icon des Anzurufenden. Ist es grün, kann man anrufen oder noch besser: einen Skype-Chat beginnen. Eine solche Anfrage kann auch ein paar Minuten später beantwortet werden und reißt den Gesprächspartner nicht rüde aus seinem Arbeitsfluss. Das Handy dagegen dient dazu, die Bergwacht anzurufen, wenn man in eine Gletscherspalte gestürzt ist. Es soll nicht für andere Zwecke missbraucht werden, sonst ist im Ernstfall der Akku leer und man muss sterben.

Mit freundlichen Grüßen

DEINE KATHRIN

Kathrin Passig

Bedeutung von Arbeit

Eine interaktive Ausstellung im Parchimer Haus der Jugend stellte die Frage, welche Bedeutung Arbeit heute noch für Menschen hat. Philipp Schulz lud Parchimer Jugendgruppen ein, sich durch Graffiti, Installationen und einen in Hamburg gedrehten Kurzfilm die Rolle, die Arbeit im eigenen Leben spielt, kritisch zu hinterfragen.

BEDEUTUNG VON ARBEIT FÜR MENSCHEN

Ausstellung - Installation / Foto / Graffiti
Philipp Schulz, Parchim
Thomas Pagel, Jens Bernhard Lüdecke

Jörg Albrecht

aufnahmefähig [work_love_future]

- letzte Klicks
- klickende Hautteile
- hautnahe Arbeitszeiten

Dann, nach neun Stunden, zehn, elf, wenn du nicht mehr glaubst, die Zukunft könnte werden wie früher, blinkt es auf einmal. Doch gibt es nichts einzufügen. Du bist am Ende. Am Ende der Woche bist du angelangt, am Ende blinkt es, [in den Achtzigern: Startbildschirm des C64 mit blinkendem Cursor, in den Neunzigern: Stopbildschirm des PCs, in den Nullern: Wochenendbildschirm der weißen Box], und ehe du weißt, wie schnell es blinkt, bist du wieder aufnahmefähig, für die Farben um dich herum, für die blinkende Hauptstadt, und für die Geschichten, die sich ereignen, bevor es blinkt.

[pre-recorded:] die Vorgeschichte. In der Hauptstadt an Unebenheiten leiden, leichten Unebenheiten der Haut. In der Hauptstadt: Hautprobleme. In der Hauptstadt Berührungen deiner Haut registrieren und nicht wissen, was tun. Wenn Photoshop dich zu sehr berührt, jeden Tag, aus der weißen Box heraus, mußt du deine Haut schützen vor Übergriffen, mußt du dein Leben abschirmen gegen die Arbeit. Der Weg zur Arbeit, jeden Morgen, der Weg vom Bett bis zur weißen Box, an der du Gesichter bearbeitest, klick klick. Da ist die Arbeit, da der Weg zur Arbeit, und das Leben ist das zwischendurch, das was schief geht, dein Leben sind die Outtakes. Das denkt Thies in diesem April des Jahres [redacted], die Outtakes, denkt er, manchmal zusammengeschnitten für den Abspann des Filmabspanns, manchmal in ein Menü gestellt, damit jemand sie in voller Länge anschauen kann, aber diese Outtakes rund um meine Arbeit, wer außer mir will die sehen?, humorvolle Teile des Filmmaterials, die Thies selbst für den Film, der sein Leben ist, nie verwenden kann.

Wie es enden kann: mit deinem Gesicht, nicht unversehrt, nicht mehr. Jeden Tag an der weißen Box sitzen und in der weißen Box Gesichter bearbeiten, jeden Tag strahlende Gesichter [nachbearbeitet] gegen dein Gesicht [unbearbeitet], kein Wunder daß sie da sinkt, deine Aufnahmefähigkeit. Du bist echt überarbeitet oder?, fragt Wanda nein, sagt Wanda, Fragen funktioniert anders, Fragen funktioniert so: hinsehen und ansehen und anheben [die Augenbrauen]. Du bist überarbeitet, sagen Jonte und Pelle, die Zwillinge aus Oberammergau, überarbeitet!, rufen die Zwillinge, auch sie lassen nichts blinken, so daß Thies nichts hinzufügen kann, so nickt Thies nur. Thies, übermüdet, hebt den Kopf und senkt ihn, hebt, senkt, und das so schnell, daß es trotz Übermüdung ein Nicken ist. Thies: seit dem Ende der Neunziger überarbeitet, seit dem Beginn des neuen Jahrtausends, seit dem Beginn der Nuller. Typische Bewegung der Nuller: kein Nicken, um zu bestätigen wie lang die Arbeitszeit sich dehnt, kein Nicken, ein Klicken, ein Klacken der Tasten, jeden Tag.

Wenn Photoshop dich berührt, ist es schon zu spät, dann wirst du geblitzt, geblitzt bei der Arbeit. [new flash:] Blitze, wenn im Videospiel dein Körper verwundet wird und der Energiebalken wieder ein Stück abnimmt. Blitze, wenn bei der Arbeit dein Körper entdeckt wird und der Credibilitybalken wieder ein Stück zunimmt. Wegen dieser Blitze wie im Videospiel lieben wir die Arbeit, lieben die Gegenwart und die Hauptstadt. In der Hauptstadt die eigene Gegenwart erleben, die viele Gesichtszellen abtragen und so einiges an Staub erzeugen kann. In der Hauptstadt an der eigenen Zukunft arbeiten, die trotz Staubs strahlend sein soll. In der Hauptstadt einer unvergänglichen Vergangenheit begegnen, denn alles Vergangene wird wieder aufgebaut. Die neuesten Ecken von Kreuzberg. Die schönsten Flecken der neuesten Gesichter von Kreuzberg. Die schönsten Verstecke der schönsten Körper. Zum Beispiel, versteckt in den Hornhäuten der schillernden Augen: Mikrokameras für mikroskopisch kleine Aufnahmen. Hier entstehen Filme mit höchster Bildqualität, höchster Tonqualität. Hier entstehen Filme darüber, wie wir am Glanz unserer eigenen Zukunft arbeiten, jeder in seiner Gegend: Jonte in der Popmusik, Pelle im Animationsfilm, Wanda im Makeup und Thies im Interfacedesign, und alle Gegenden zusammen ergeben diese Hauptstadt hier. Hier entstehen auch Produktionen nach Feierabend, Filme mit schlecht ausgeleuchteten Bildern, auf Video oder digitalen Trägern, auf leicht beschädigten Augenhornhäuten. Klick klick. Ende.

Wanda Wir unterhalten uns hier gleich weiter und stellen uns eine Frage: Was ist hier passiert? Was ist das für eine Art von Arbeit, wenn man Gesichter nachbearbeitet? Was sind Gesichter für eine Arbeit? Was sind Gesichter? In dieser Hauptstadt, in der so viele Menschen kaum arbeiten, arbeiten wir wenigstens an Körperteilen anderer. Als kurzer Einschub: [redacted] mit einem Feature über das Nichtstun und die Arbeit.

- **life**
- **work**
- **after-work**

Was ich mir für die Zeit nach der Arbeit wünsche: einen Discoboden, ein kleines Quadrat blinkenden Discobodens, in Türkis, in Lila und in Gold, eingelassen in die Dielen meiner Altbauwohnung. Das sagt Thies zu Wanda, im April [redacted] . Ein Discoboden der, wenn er blinkt, die Arbeit vom Leben abgrenzt, sagt Thies. Dein Leben als Discofilm, fragt Wanda, dein Leben als aneinandergeschobene Outtakes, die wieder einen eigenen Film ergeben? Wanda steht vor Thies, seit Wochen zum ersten Mal sieht Thies ohne Übermüdung der Augen in Wandas Gesicht, auf die sacht glänzende Stirn, auf einen kleinen Brocken Lidschatten, der an ihrem rechten Nasenflügel liegt, auf leicht rötliche Flecken an ihrem Hals, sofort blinkt die Einfügemarke. Die Flecken umschalten, von rötlich auf silbern glänzend, um auch nach der Arbeit perfekt zu sein, perfekt nachbearbeitet. Ob perfekt oder nicht, sagt Wanda, Hauptsache Feierabend, Hauptsache Ende der endlosen Arbeit und am Ende das Ende der Arbeit vergessen. Ob perfekt oder nicht, sagt Thies, bei Gesichtern meine ich, sagt Thies, darum dreht sich mein Leben, darum dreht sich unser aller Leben, in der Hauptstadt. Alle Hautteile müssen stimmen. Alle Klicks müssen stimmen. Alle müssen alles können, so ist das bei der Arbeit.

Thies Ich selbst bleibe gern im Hintergrund, da bin ich unersetzlich, nein unersättlich, wenn ich Schnittstellen designe, Schnittstellen zwischen Apparat und Mensch, mit kleinen exakten Schnitten, zwischen dir und den anderen da draußen in der Stadt, Schnittstellen über die letzten Endes der Verkaufsfaktor steigt, das ist schönstes Leben, schönste Arbeit, in der Hauptstadt, und ja!, die weiße Box verbindet uns über die kurzen Entfernungen die weiten Entfernungen, egal woran wir arbeiten, jeder kriegt jeden von uns mit, jeden Tag, jede Minute, Sekunde.

Sekundenherztod, kurz vor dem letzten Handgriff, dem letzten Griff an die Tasten, dem letzten Klick auf ein infrarotgesteuertes Zeigegerät, nie wirst du das Ergebnis deiner Arbeit sehen, nie. Das ist der Alptraum in der Nacht von Sonntag auf Montag, Kreuzung von Nächten. Kreuzung von Zeiten: Lebenszeit wird zu Arbeitszeit, Arbeitszeit wird zu Nacharbeitszeit, Nacharbeitszeit wird zu Nachtarbeitszeit. Auch in der Nacht leuchten die Gegenden, in denen wir vier Freunde arbeiten. Wanda arbeitet [eine Makeupfarbe, die zu Leggings in Gold paßt], Jonte und Pelle arbeiten [ein Trickfilm über die Bewohner von Kreuzberg als Zombies], Thies arbeitet [eine Bildschirmoberfläche, die einem architektonischen Raum entspricht, Telefonnummern auf dem Bildschirm und auf dem Boden, sobald du an eine Nummer stößt, rufst du jemanden an]. Ja? JA!

[Montag arbeiten]
[von Montag auf Dienstag arbeiten]
[Dienstag arbeiten]
[von Dienstag auf Mittwoch arbeiten]
[Mittwoch arbeiten]
[von Mittwoch auf Donnerstag arbeiten]
[Donnerstag arbeiten]
[von Donnerstag auf Freitag arbeiten]
[Freitag arbeiten]
[von Freitag auf Samstag tanzen]
[Samstag arbeiten]
[von Samstag auf Sonntag tanzen]
[Sonntag schlafen]
[von Sonntag auf Montag träumen]

Und die Outtakes? Die Remakes, die Fortsetzungen, die Ripp-offs und Spin-offs dieser siebentägigen Woche voller Arbeit erwarten wir spätestens für die kommende Woche und die drauf kommende, und die darauf kommende, humorlose Teile des Filmmaterials,

a flash from the past, ja! Wenn Photoshop deine Geschichte zusammenschiebt, in wenigen Sekunden, deine Geschichte in einem Bild, einem einzigen Bild von deinem Gesicht, das sich Überarbeitung wünscht. Retakes dieses Gesichts bitte via Bildersuche suchen, suchen und suchen und finden, und als du es findest blinkst du, du als Einfügemarke, aber kurz davor: du, überarbeitet, von den Spitzen der Haare auf der höchsten Stelle deines Kopfs bis zu den untersten Hautplättchen deiner Fußsohle, vom Bandapparat im klickenden Handgelenk bis zu den vollen Bändern der Gehörknöchelchen, alles überarbeitet, überarbeitet, updated, please update me!, ich, überarbeitet, so was von überarbeitet, aber immer noch im Zustand, immer im Zustand, Aufnahmezustand, dabei bekomme ich nicht mal mehr Spammail, klack klack, klack, das Geräusch eines Diaprojektors, wo keine Dias mehr sind, you get older, get older, you get older and your heart gets, heart gets, gets gets. Klick klick. Band verdreht, [aus der Kassette heraushängende Schleife, einmal um 180 Grad]

Jörg Albrecht, geboren 1981, lebt als freier Autor in Berlin. Sein Roman „Drei Herzen" erschien 2006 im Wallstein Verlag. Seine Theaterstücke wurden u.a. am Burgtheater und den Münchner Kammerspielen vorgestellt. Als phonofix gestaltet er zusammen mit dem Musiker Matthias Grübel Text-Musik- Performances und Hörspiele.

aufnahmefähig [work_love_future] ist der Remix eines längeren Prosatextes.
fotofixautomat.de / phonofix.de

Auf dem Weg zur Arbeit

Justin Lépany bei der Uraufführung der Podcastoper

Ein europäischer Arbeitnehmer verbringt auf dem Weg zur Arbeit jeden Morgen im Durchschnitt zwanzig Minuten in der U- oder S-Bahn. Zwanzig Minuten: Das ist genug Zeit, um die Morgenzeitung zu studieren, um über sich und seine Arbeit nachzudenken oder darüber, wohin der nächste Urlaub gehen soll.

Der französische Komponist Justin Lépany komponierte eine exakt zwanzigminütige Oper, die das Zeitmaß des Arbeitsweges zum Anlass, zum Inhalt und zur Form hat.

Die zeitgenössische Komposition besteht aus zumeist elektronischer Musik, die Texte werden von Johanna Fassbender und Michael Knese gesungen und gesprochen. Wie der Titel verrät, kann man sich die Oper aus dem Internet herunterladen. Das zugehörige Video zeigt verschiedene Situationen auf der Fahrt zur Arbeit. „Ich bin durch Berlin gefahren, um die Stimmung einer U-Bahnfahrt zu spüren und habe das mit Bildern dokumentiert", so der Franzose.

Und die Handlung der Oper? Es ist die Geschichte einer handvoll Personen, die in einer U-Bahn sitzend über ihre Arbeit und ihr Leben nachdenken. Morgens, auf dem Weg zur Arbeit und genau zwanzig Minuten lang. Auch die Internetseite des Opernprojekts, deren Konzeption und Gestaltung in der Verantwortung des französischen Künstlers Mathieu Dagorn lag, ist sehr gelungen.

20 MINUTEN - DIE PODCASTOPER Musik/Musikvideo, Justin Lepany, Berlin, Mathieu Dagorn (visuelles Konzept, Video, Website), Nina Leseberg (Pressearbeit) podcastoper.de

Das Eisenwalzwerk von Uwe Möller am Computer aktualisiert...

Endmontage

Bilder von Autos am Fließband hergestellt

Der Maler Adolph Menzel malt 1875 das Gemälde „Das Eisenwalzwerk", das bald den Beinamen „moderne Cyclopen" erhielt. Das Gemälde entstand aus über 100 Detailzeichnungen, die Menzel während eines mehrwöchigen Aufenthalts im oberschlesischen Eisenwalzwerk Königshütte anfertigte. Es ist das erste Gemälde der deutschen Malerei, das die Fabrik und das dortige Arbeitsleben abbildet. Hier wird die schuftende Klasse als moderne Produktivkraft und nicht die höfische Gesellschaft gezeigt.

2006 wird dieses Symbol des Industriezeitalters einer merkwürdigen Metamorphose unterzogen: Der Künstler Uwe Möller kombiniert das Gemälde mit einem Foto, das die Fahrzeugproduktion in den Kölner Fordwerken abbildet. Er setzt eine perspektivisch passende Fliessbandaufnahme in Menzels Gemälde.

Das Bild, das die industrielle Arbeit im 19. und 21. Jahrhundert

... und in China auf Leinwand in Öl nachgemalt.

zeigt, wird selbst unter arbeitsteiligen Bedingungen in der Malfabrik XM Painting Cooperation in Xiamen in China reproduziert. In den chinesischen Malfabriken werden berühmte Gemälde preisgünstig am Fliessband produziert. Durch die Veränderung des Motivs aus den Zeiten der Industrialisierung und den künstlerischen Produktionsprozess setzt Möller dieses in Relation zur heutigen Zeit.

ENDMONTAGE
Ausstellung - Installation /
Foto in Erfurt
Uwe Möller, Weimar

Back Home
Das Geld liegt auf der Straße

Früher war es für Handwerker üblich, einen Teil ihrer Lehrzeit auf Wanderschaft zu verbringen. So konnten sie ihren Horizont erweitern, andere Arbeitstechniken kennen lernen und neue Freundschaften schließen. Gelegentlich sieht man auch heute Zimmermannsburschen in traditionellem Gewand auf der Walz.

Das Projekt „Back Home" thematisiert eine ähnliche Erfahrung. Zwei Reisende werden in Pescina, Italien, ausgesetzt und sollen ohne Geld über Österreich und die Schweiz nach Deutschland zurückreisen. Unterwegs müssen sie verschiedene Aufgaben erfüllen, um sich das Geld für die Heimreise zu verdienen. Dies ist eine ideale Position, um herauszufinden, wie Jugendliche in anderen Ländern über Arbeit denken. Die Arbeitsaufgaben wurden den Reisenden von einer Internetcommunity gestellt. So ist auf der Seite www.back-home.eu zu lesen:

„Die Reisenden sollen für ihr Geld einmal richtig hart arbeiten und vor allem auch nach Arbeit suchen: Sie sollen bei auf ihrer Strecke liegenden Bauernhöfen nachfragen, ob Arbeit für sie vorhanden ist und dann auf einem Feld Landarbeit verrichten. Die Dauer der Arbeit ist dabei egal – sie müssen nur eine Arbeit finden, die sie auf einem Feld machen können. Ist die Arbeit gefunden und getan, ist die Aufgabe erfüllt und die Reisenden bekommen eine Belohnung von 15 Euro." Weitere Aufgaben sind beispielsweise eine Strasse zu säubern, Koffer zu tragen, eine Sandburg zu bauen oder einen Werbespot für Broccoli zu drehen.

Nach ihrer Ankunft in Rimini haben die Reisenden heute festgestellt, dass die Italienische Partyhauptstadt im Winter ausgestorben ist. Wo sonst die Party läuft, führen hier zur Zeit nur Rentner ihre Hunde aus. (Reisetagebuch)

Da Reisen selten so verlaufen, wie sie geplant waren, hatten die Teilnehmer mit unerwarteten Widrigkeiten zu kämpfen. So musste der Reisebeginn wegen der Studienzeiten der Teilnehmer auf die Weihnachtsferien verlegt werden, so dass nicht gezeltet werden konnte und dem Auto des Kamerateams wurden die Reifen aufgestochen. Dennoch konnte zu jedem Reiseabschnitt ein Video auf die Website gestellt werden. Diese Etappenvideos wurden zu einer kurzweiligen Dokumentation zusammen geschnitten, die bei den Präsentationen viel Zuspruch fand.

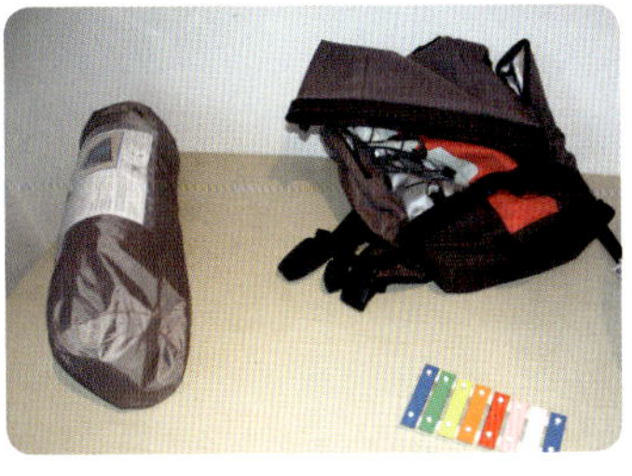

BACK HOME

Internet und Italien

Tobias Warken, Riegelsberg

Johannes Seibert, Christian Arent, Daniel Bahr, Kevin Krieger

back-home.eu

WIE ARBEITET EIGENTLICH...

Don Dahlmann

Wenn man auf Partys erwähnt, dass man Freiberufler ist, dann wird man entweder mit dem Satz „Könnt ich nicht, hätt ich keine Disziplin für" beworfen, oder jemand sagt „Toll, da kann man ja machen was man will." Sicher – Freiberufler zu sein hat sehr viele Vorteile. Aber ganz so gülden glänzt hier auch nicht alles:

1. Man kann aufstehen, wann man will

Stimmt. Es gibt keine Kollegen, die eifrig notieren, wieviel Minuten man zu spät gekommen ist und es an den Personalchef weiterreichen. Allerdings hilft es mir auch nicht weiter, wenn ich erst gegen Mittag vorm Rechner sitze. Die Kunden arbeiten in Büros und am besten erreicht man die Vormittags zwischen 10 und 12. Danach ist man gerne beim Mittagessen oder in Meetings. Also ist eingermaßen frühes Aufstehen angesagt.

2. Man kann arbeiten wann man will

Stimmt. Aber die Deadlines ändern sich deswegen nicht. Gerade wenn gleichzeitig mehrere Projekte betreut werden, stellt man irgendwann fest, dass es besser ist, wenn man einen ziemlich festgelegten Tagesablauf hat. Regelmäßig zu erstellende Texte erledige ich vormittags, andere Dinge lieber später. Im Endeffekt landet man also wegen der Deadlines, der vielen Arbeit und der Menschen, die man deswegen hier und da anrufen muss, bei einem normalen Arbeitstag, der morgens beginnt, und bei mir meist so gegen 19.30 Uhr aufhört.

3. Man verdient mehr

Man verdient als Journalist eh wenig. Man zahlt aber keine Sozialabgaben, außer der KSK in meinem Fall. Dafür gibt es weder Weihnachts- noch Urlaubsgeld. Man bekommt keine Gratifikationen, wenn es mit einem Projekt mal gut läuft usw. Ich weiß allerdings auch, dass in der Medienbranche diese Dinge (bis auf Lohnfortzahlung im Urlaubs- und Krankheitsfall) selten geworden sind.

Dazu kommt auch, dass die Auftraggeber die Texte zwar immer zackzack haben wollen, die Bezahlung aber eher schleppend ist. Ich hab' noch das Glück, dass ich ein paar feste Auftraggeber habe, die eigentlich regelmäßig bezahlen. Drei bis vier Wochen Wartezeit ist aber normal, und gerade wenn man mit Agenturen arbeitet, dauert es auch gerne mal länger. Vor ein paar Jahren habe ich mal für einen Autokonzern was gemacht. Ende November hatte ich alles abgegeben, Ende März kam das Geld. Kommt immer wieder vor.

Wenn man das Glas halbvoll betrachten will, dann ist das mit dem Dasein als Freiberufler so: Man hat selten ein arbeitsfreies Wochenende. Man wartet auf sein Geld. Man sitzt wie jeder Angestellte tagtäglich im Büro. Urlaub bedeutet doppelte Ausgaben: man gibt einerseits mehr aus als sonst, andererseits verdient man nichts in der Zeit und bis neues Geld reinkommt nach dem Urlaub, vergehen im besten Fall vier Wochen. Wenn man ernsthaft krank wird, verdient man nichts, aber die Kosten laufen weiter. Rente ist für Weicheier, man richtet sich darauf ein, dass man halt arbeitet bis man umfällt, was wegen der vielen Arbeit so spät eh nicht sein wird.

Aber das ist natürlich nur die halbe Wahrheit. Es gibt noch eine andere, und die ist auch der Grund, warum ich lieber als freier Journalist arbeite:

- Als festangestellter Journalist ist das Einkommen auch nicht sicherer, denn Redaktionen werden heute schneller verkleinert, als man „Einsparungspotential" sagen kann.
- Keine Kollegen. Meine Erfahrungen mit Arbeitskollegen sind bis auf einen Fall allesamt schrecklich.
- Man kann tatsächlich auch mal erst gegen Mittag arbeiten. Ich muss nicht um einen freien Tag betteln, wenn ich mal was erledigen muss.
- Niemand kann mir vorschreiben, welche Themen ich bearbeite.
- Selten sinnlose Profilierungsmeetings mit Excel Dateien an der Wand.
- Niemand protokolliert die Webseiten, die ich ansurfe.

- Ich hab einen Fernseher auf dem Schreibtisch.
- Wenn ich keine Termine in Berlin habe, kann ich auch mal eine oder zwei Wochen zum wunderschönen Mädchen fahren und von dort aus arbeiten.
- Ich kann wundervoll viele Bereiche bearbeiten, die mich interessieren. In meinem Fall reicht das von Literatur über Politik bishin zur Motorsport und Werbung.
- Ich kann zwischendrin Blogeinträge schreiben.

Die Freiheit, dass ich in einem gewissen Rahmen, der eingeschränkt ist durch die üblichen Verpflichtungen wie Miete, Essen usw., entscheiden kann, wann und wieviel ich arbeite, ist mir sehr viel wert. Dafür verzichte ich gerne auf manch andere Dinge, die das Leben eines Angestellten verbessern. Es ist nicht so, dass ich mir nicht vorstellen könnte, festangestellt zu sein, aber den Wegfall der mir wichtigen persönlichen Freiheiten würde ich mir sehr, sehr, sehr gut bezahlen lassen wollen.

Don Dahlmann
dondahlmann.de

Mach doch mal was vernünftiges, heißt es immer. Was vernünftiges, da denkt manch einer sofort an ein Philosophie-Studium, Magister, abends saufen und morgens Logik Grundkurs II,

4. WAS WIR WOLLEN SOLLEN

EURE ARBEIT KOTZT MICH AN

ein bisschen Platon und dann auf 'nen Kaffee in die Mensa (und hat recht). Aber so ist das nicht gemeint.

Eure Arbeit kotzt mich an

Mach doch mal was vernünftiges, heißt es immer. Irgendwie Bankkauflehre. Hat Opa auch gemacht. Aber der taugt bloß noch bedingt zum Vorbild, seit man auf dem Speicher seine Tagebücher vom Griechenland-Feldzug ausgegraben hat. Und auch mit Papa ist schlecht drohen: Mal sehen, ob der nicht in Kürze frühverrentet wird, und was dann noch von seinem „Also zu meiner Zeit" und „Ich an Deiner Stelle" übrig geblieben ist.

Dann muss eben der adrette Nachbarsjunge P. zum Vorbild (leuchtend) herhalten. Der mit sieben schon fünf Sprachen beherrschte (fließend, nicht flüssig) und mit zwölf das Brutto-Inlandsprodukt Malaysias qua Abakus errechnen konnte, aber heute immer noch Etymologie mit Ethnologie verwechselt. Nachbars P. studierte dann BWL und wenn er Frauen aufreißen wollte, erzählte er ihnen, er wolle später irgendwas mit Menschen machen, am besten bei der UNESCO oder dem UNHCR. Inzwischen ist er bei McKinsey und hilft menschenfreundlichen Arbeitgebern, so viele Arbeitsplätze wie möglich zu erhalten, indem er so viele Arbeitsplätze wie möglich streicht. Trotzdem ist er natürlich moralisch integer, er spendet schließlich Weihnachten an Brot für die Welt („Ne Quittung bräuchte ich noch, bitte.") und schickt alte Anzüge in diverse Katastrophengebiete (nachts träumt er davon, dass halb verhungerte Kinder in Somalia daraus solide Häuser bauen).

P. ist insgesamt ein leuchtendes Beispiel der Betriebsamkeit. Wäre die Gesellschaft eine Stereoanlage, wäre P. das rote Lämpchen, das die Möglichkeit sofortiger Inbetriebnahme anzeigt, kurz: P. ist ein Macher, ein Sachen-Macher. Spricht man das ein wenig hin und her und russisch aus, klingt das schnell wie Sacher-Masoch. Sacher-Masoch aber taugt allerhöchstens zum literarischen Vorbild, und mit „vernünftig" hat das nun wieder gar nichts zu tun.

Dieses Kapitel beschäftigt sich vor allem mit der Frage, was man wollen muss, wollen darf, wollen soll und wollen kann. Wollen könnte. Wollen können dürfte. Sowas. Kurzum: ein Hilfsverbkapitel. Wenn man so will.

Frédéric Valin

Vom Verhör eines Staubsaugers

„Halt! Stehen bleiben! Oder ich schieße!" Am Zoll wird ein Staubsauger auffällig, der fünf Reisepässe und Bedienungsanleitungen bei sich trägt...

Christian Strobl selbst beschreibt sein Projekt folgendermaßen:

„In meinem Kurzfilm verhört das FBI einen Staubsauger in der Hoffnung, in seinem Staubbeutel ‚Schmutz' zu finden, der als Beweislast in einem Menschenrechtsprozess gegen international operierende Kapitalisten dienen kann. Der Staubsauger hat Angst vor einer Aussage, weil er weiß, was mit Verrätern passieren wird: ‚Wir werden Auftragsmörder schicken! Killer, hörst du?' Nachdem das FBI auf das Zeugenschutzprogramm verwiesen hat, beginnt der Staubsauger auszusagen. Am Ende stürmen zwei Auftragsmörder den Nebenraum des Verhörsaals und erschießen ihn."

Im fast sechsminütigen Kurzfilm Staubexplosion wird eine skurrile Geschichte erzählt. Protagonist ist ein Staubsauger, der gegen „internationale Kapitalisten" mit mafiösen Arbeitsmethoden aussagt. Gesucht werden die bösen Kapitalisten nicht etwa, wie zu Zeiten des Kalten Krieges vom sowjetischen KGB, sondern vom FBI.

Handelt es sich bei dem Film um die Vision von einer Welt, in der internationale Unternehmen bei illegalen Machenschaften nicht von den westlichen Staaten protegiert, sondern überführt werden? Oder handelt es sich um eine Horrorvorstellung, in der Menschen zu „Staubfressern" werden und Maschinen zu Menschen? Der Film lässt es offen.

STAUBEXPLOSION - JAGD AUF KAPITALISTEN DURCH DAS FBI Film
Christian Strobl, Eichstätt, Simon Märkl, Florian Ferstl, Raphael Gutmann, u.v.m.

Lisa Rank

Generation to go

Wir wollen es allen recht machen. In erster Linie uns selbst. Wir möchten unseren eigenen Weg gehen, und trotzdem soll man von uns sagen: „Aus denen ist was geworden!" Damit aus uns was wird, basteln wir uns einen Lebenslauf zurecht, aus Auslandsaufenthalten und Praktika. Aus Zusatzkursen und Studentenjobs, aus freiem Engagement und Musikunterricht. Als würde es nicht reichen, dass unsere Familien Patchwork sind.

Lebenslauftuning ist die Regel Nummer eins. Wer in der elften Klasse nicht im Ausland war, wird schief angeschaut. Studiert man in derselben Stadt, in der man Abitur gemacht hat, erntet man mitleidiges Grinsen. Dass wir trotz unseres Bemühens, möglichst flexibel und vielseitig zu sein, auch ein Bedürfnis nach Kontinuität haben, wirkt dabei fast lächerlich. Heimatgefühle, ein Zuhause, langjährige tiefe Freundschaften zu mehr als nur einem Menschen – das sind so Dinge, die wir kleinhalten sollen. Jung und frei sind wir jetzt und das sollen wir bitteschön auch ausnutzen. In die Welt hinaus und ab durch die Mitte. Äußern wir den Wunsch nach etwas Permanentem im Leben, fragt man uns: „Haste Schiss, oder was?"

Dann schütteln wir den Kopf, reiben die Schweißhände an der Hose und machen eine weitere Tür auf. Neue Namen lernen wir schnell. Man könnte meinen, wir hätten uns an diese Multioptionalität gewöhnt und daran, dass wir uns mit jedem neuen Abschnitt auch selbst ein neues Gesicht geben können. So werden wir zu Chamäleons. Wechseln wir die Stadt, den Arbeitgeber oder das Land, machen wir einen Strich unter den Rest und weiter geht's. Wir verändern uns ständig und lernen dazu. Denn wir haben Hunger. Und Routine wird schnell langweilig. Wir wollen immer wieder Neues, meinen aber, das Alte dabei nicht zu verlieren. Das Ganze ist eine Anhäufung von Erfahrungen, von Landkarten und Zeugnissen. Dass dabei die Kontinuität oft auf der langen Strecke bleibt, nehmen wir notgedrungen hin. Denn wir sind viel zu beschäftigt damit, die Alternativen auszuloten: Was sagt der Arbeitsmarkt? Wo kann ich mir Wohnung und Essen leisten? Was kommt danach, und woran kann ich anknüpfen? Und wo bin ich vielleicht nicht ganz allein? „Soll ich's wirklich machen oder lass ich's lieber sein?"

Das Bedürfnis nach Nähe schrumpft dabei nicht. Wir machen es nur genauso mobil wie uns selbst. Deswegen verlegen wir unseren Stützpunkt auf andere Ebenen, wie beispielsweise das Internet, und machen ihn genauso flexibel wie uns selbst. Dann haben wir permanent Zugriff und müssen nicht erst einen Flug buchen, um Bekannte zu „sehen". Wir schicken keine Briefe mehr an Freunde, sondern stellen Videos ins Netz. Wir telefonieren nicht mehr aus der Telefonzelle am Strand in Australien, sondern senden einfach eine MMS. Schau mich an, es gibt mich noch, vergiss mich nicht! Unsere Basis wird auf Hosentaschenformat reduziert und eingepackt. Mit Digitalkameras halten wir fest, wo wir waren. Denn wir können im nächsten Moment ja schon wieder woanders sein. „Du musst deine Möglichkeiten ausnutzen!", haben die Eltern immer gesagt. Wir machen das schon, wir haben ja Möglichkeiten. Und können

Elisabeth Rank wurde 1984 in Berlin geboren und lebt dort noch immer. Sie arbeitet als freie Autorin (u.a. für die taz) und bloggt regelmäßig auf mevme.com/lizblog Wenn noch Zeit bleibt, singt sie bei Me Vs Me. Außerdem ist sie Studentin der Publizistik- und Kommunikationswissenschaft sowie der Europäischen Ethnologie.

uns nicht entscheiden. Unsere Datenbanken mit allerlei Namen, Telefonnummern und E-Mail-Adressen sind dick. Stürzt mal die Festplatte ab, geht oft ein kleines Universum den Bach runter. Oder eine potentielle Karriere. Man könnte die eine oder andere Nummer ja noch brauchen, wenn man mal nach ... ach, egal.

Wir gewöhnen uns an den Verlust und schreiben dem Netzwerk gleichzeitig eine große Bedeutung zu. Wen kennt man wo, was bringt einem das? Die Kosten-Nutzen-Berechnungen liegen in der Schublade, die Uhr läuft immer mit. Und allein auf eine Party gehen will man auch nicht. Das kostet Kraft und Nerven, das kostet derweil auch mal die große Liebe. In schlaflosen Nächten wälzen wir uns herum, weil wir uns nicht entscheiden können. Und weil wir Angst haben, etwas zu verpassen und die falsche Entscheidung zu treffen. Wer sich für etwas entscheidet, wirft etwas anderes aus dem Rennen. Oft trauen wir uns nicht, ein paar Schritte zurück zu machen oder uns zu korrigieren. Da ist die Angst, dass man uns das vorwerfen könnte. Dass man uns nach der Lücke im Lebenslauf fragt. Ja, wir wollen es allen recht machen. Wir wollen unseren Weg gehen, aber haben Angst, ihn nicht zu finden.

So sind wir ständig auf der Suche. Die nötige Intuition haben wir uns antrainiert. Wenn wir aufbrechen, dann drehen wir uns nicht mehr um. Abschiede haben wir verinnerlicht. Dennoch: Wir passen dabei auf, dass uns das Zuhause nicht abhanden kommt. Denn wir wissen immer noch, was das ist. Das ist dort, wo allein der Geruch Erinnerungen weckt und wir nicht mehr nach dem Weg fragen müssen. Dort, wo wir unsere Köpfe ablegen, die Augen schließen und die Hände entkrampfen. Wo man unseren Namen kennt. Und sogar mehr als das: Zuhause ist dort, wo wir mal Luft holen können.

DAS SUPATOPCHECKERBUNNY MEINT:

Coffee to go finde ich aber ganz gut.

Die Biographie der Produkte

Wo kommen meine Brötchen her?

Das Brotbacken ist wohl neben solch bahnbrechenden Entdeckungen wie dem Feuermachen oder dem Rad eine der wichtigsten Erfindungen der Menschheit. Bis heute umgibt den Berufsstand des Bäckers die archaische Aura eines Ernährers. Aber wie wird das Brot hergestellt? Einerseits gibt es die industrielle Produktion der Großbäckereien, deren optimierte Erzeugnisse in hunderten von Filialen landen. Es gibt aber auch immer noch die Bäckerei um die Ecke, in der noch traditionelles Handwerk betrieben wird.

Als Elisabeth Roth auf einer Brötchentüte „Unser Getreide kommt vom Landwirt Roth aus Orsingen" las, war sie überrascht über die persönliche Beziehung zu dem, was sie gerade aß, denn der Landwirt Roth ist ihr Onkel. Um anderen ein ähnliches Erlebnis zu ermöglichen, entwickelte sie ein Projekt. In einer Bäckerei fotografierte sie während der Produktion und ließ die entstandenen Bilder auf 16.000 Tüten drucken, die ab dem 15. Januar in den Läden der „Bäckerei Fasanenbrot" verteilt wurden. Die Fotos bilden Etappen aus dem Entstehungsprozess des Brotes ab. Auf einer Tüte sieht man eine Frau, die einen Teig knetet und auf einer anderen einen jungen Mann, der einen Gabelstapler steuert.

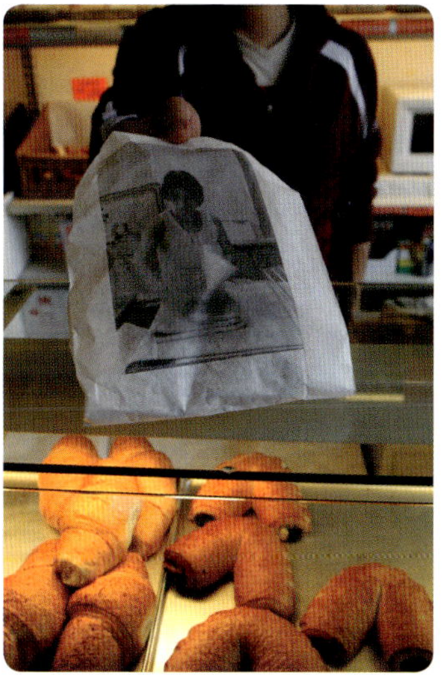

The Making of Teigwaren – eine Ausstellung auf Brötchentüten

Eine Kundin reagierte mit Befremden auf die Tüten. Sie sei überrascht, wie seltsam die Fotos auf sie wirkten. Obwohl sie bedruckte Bäckertüten kenne, habe sie doch nach dem Sinn dieser Bilder fragen müssen. Dadurch sei die Tüte für sie zu einer Tüte mit Geschichte geworden und habe über ihren Gebrauchswert hinaus einen neuen, eigenen Wert bekommen.

Durch das Projekt bekommt man die Chance, auch in Zeiten von unpersönlichen Produktionsprozesse die Geschichte des Produktes kennen zu lernen, das man sich einverleibt. Noch vor wenigen Jahrzehnten konnte man die Entstehung von Gütern problemlos nachvollziehen. Möbel, Lebensmittel, Bekleidung usw. kamen immer von Herrn X oder Frau Y aus dem Nachbardorf oder einem anderen Stadtteil.

Dass heute so manche Flasche Wein eine bewegtere Geschichte hinter sich hat, als man selbst je eine haben wird, ist befremdlich und ein Symptom einer globalisierten Wirtschaft. Vor diesem Hintergrund stelle man sich nun vor, Eilsabeth Roth übertrüge ihr Konzept auf die Fertigung von Autos; und dokumentierte auf ihnen alle an der Produktion und dem Vertrieb beteiligten Arbeiter: Liu aus Hong Kong, Kim aus Soul, Soi aus Taipei, Mike aus Minnesota, Josef aus Kapstadt, Karin aus Eisenach, Carlos aus Sao Paulo, Jeff aus dem Senegal, Liz aus Schweden, Ben aus Texas, Hashim aus Bochum, Slobodan aus Pancevo, Minh aus Singapur.

Meine Aktion hätte auch als Werbung missverstanden werden können. Aber ich habe versucht, das zu vermeiden: Durch die nüchterne Bildsprache heben sich die Tüten von normalen Brottüten ab. Ich habe gemerkt, dass die mit Fotos bedruckten Brottüten desto besser funktionieren, je seltsamer das Foto auf der Tüte scheint: Was hat schließlich ein Gabelstaplerfahrer auf einer Brottüte verloren? (Elisabeth Roth)

WER HAT DIE BREZEL GEMACHT?

Ausstellung - Installation / Foto
Elisabeth Roth, Karlsruhe

DAS SUPATOPCHECKERBUNNY MEINT:

Ich finde überhaupt, Bäcker sollten viel prominenter sein. Nicht nur auf Brezeltüten, sondern auch in Bunte, Gala und bei Blitz sollten viel mehr Bäcker und Bäckerinnen vorkommen. Was sie so machen, mit wem sie aktuell zusammen sind, welche Modetrends sie favorisieren. Schließlich backen sie doch unser Brot!

Der Zwang der Zeit

early bird catches the worm – but the second mouse get's the cheese!

Es ist sechs Uhr dreißig und der schrillende Wecker reißt uns erbarmungslos aus den süßen Träumen. Gehorsam öffnen wir die Augen, verfluchen die Uhr und schlurfen doch ins Bad.

Unermüdliche Arbeit und frühes Aufstehen sind Grundtugenden der protestantischen Arbeitsethik. Es heißt doch auch, der frühe Vogel fange den Wurm.

Dabei gibt es auch Vogelarten wie zum Beispiel die Eulen, die erst nachts aktiv werden und tagsüber schlafen. Ganz ähnlich ist es bei den Eulenmenschen, die typische nachaktive Tiere sind. Sie schlafen gern lange, starten spät in den Tag und arbeiten dafür bis spät in die Nacht. Ihr Biorhythmus ist einfach ein anderer als der der Lerchenmenschen, die gern früh aufstehen, aber auch früher zu Bett gehen. Schichtarbeit, Ladenöffnungszeiten und Stechuhren fragen jedoch nicht nach dem Biorhythmus.

Und so kann man morgens in die müden Gesichter derer blicken, die gezwungen werden, gegen den eigenen Rhythmus zu leben und zu arbeiten.

Das Ganze kann wie Folter empfunden werden und auf Dauer negative Folgen für den Organismus haben.

Bei ihrem Projekt sind Raffael Jesche und seine Helfer noch früher als die Frühaufsteher aufgestanden, klingelten mit der Kamera bewaffnet ihre „Fotomodelle" wach und dokumentierten den Ausdruck ihrer Gesichter. Sehen so glückliche Menschen aus? Weitere Modelle wurden an ihrem Arbeitsplatz überrascht. Einige von ihnen berichteten, sie stünden schon um fünf Uhr auf und seien topfit, anderen wiederum fiel das frühe Aufstehen viel schwerer. Sie meinten, dass sie viel leistungsfähiger wären, wenn sie ein zwei Stunden länger hätten schlafen können. Das Experiment bestätigte, dass jeder Mensch einen eigenen Tagesrhythmus hat, nach dem er sich richten sollte. Raffael selbst musste während des Projekts feststellen, wie sich sein eigener Körper ganz massiv gegen den unnatürlichen Schlafentzug wehrte.

Die Ergebnisse der „Fotostudie" wurden im Rahmen einer kleinen Ausstellung in einem Leipziger Feinkostladen ausgestellt und zeigten „Zufrühmorgens-, Frühmorgens- und Spätmorgens-Gesichter". Die Bilder und weitere Informationen finden man auf der Website des Projektes.

SPÄTER ARBEITEN

Ausstellung - Installation / Foto

Raffael Jesche, Leipzig

Fotoausstellung mit Interaktionsangebot Leipzig

Anton Barske, Tristan (Hello Studios), Manuel Pietzsch

spaeter-arbeiten.de

Arbeit in Tönen

Fünf Jungs aus Tessin in Mecklenburg-Vorpommern, eine Handvoll Gitarren, Mikros, Verstärker und eine Menge Energie – diese Mischung ergibt bei „Arbeit in Tönen" von The Fahraway den Soundtrack zum täglichen Arbeitswahn. „The useless fighter's Song", „A workers paradise" und der „Laboumarket Song" sind kritische Auseinandersetzung mit der Arbeit von heute und Songs zum Überstehen grauer Tage zugleich.

A Worker's Paradise (Auszug)

Too many bands are writing shitty songs
about the fucking california
Too many bands are playing the same old fucking songs
which we have heared before
Were gonna mess with all people who are goin on with this shit
And we would be very angry if a motherfucking band will play them
out of our will

All the time we only hear californication
And other nasty creepy songs like that
And if I hear just one more song like this one
Noone can predict what happens next
That's why we dicided to write a fucking song like this
To show you what we feel about this shit!
Theres nothing as a paradise, hardly for the workers
And not at all in california

„ARBEIT" – IN TÖNEN
Musik/Musikvideo
Tino Glumm, Matthias Trübner,
Michael Salchow, Sven Lemke,
Florian Schöne - Tessin

Der Knast, ein Universum

Jenseits und Diesseits des Tatsächlichen

„Im Prinzip ist die Welt, in der du da drin bist, die Welt in klein. Das, was du da drin hast, ist im Grunde genommen ein Spiegelbild der Gesellschaft. Ja, das, was da drin im Kleinen passiert, passiert meiner Meinung nach hier draußen im Großen. Es hat natürlich andere Dimensionen, wenn du draußen bist, du bist ja sehr eingeschränkt im Handeln…"

Der Film „irrlicht72" ist eine sensible Filmdokumentation über den Ex-Häftling Stephan E., der eine siebenjährige Haftstrafe hinter sich hat. Er erzählt die persönliche Geschichte des Scheiterns und versucht Bilder zu finden, die dem Erzählten sanft Nachdruck verleihen, ohne die Vergangenheit dabei lediglich zu rekonstruieren. Der Protagonist versucht, sein Leben zu deuten und zu erklären. Die Arbeit spielt dabei für die Herstellung gesellschaftlicher Normalität eine wichtige Rolle.

„…es muss ja Bewegung da sein. Stillstand ist der Tod, ich muss arbeiten, ich muss mich mit etwas beschäftigen." (Stephan E.)

„Mit der Minderung des Handlungsvermögens, die als eine Minderung des Bemühens zu existieren empfunden wird, beginnt das Reich des Leidens im eigentlichen Sinn." (Paul Ricoeur)

Völlig wertfrei zeigt der Film, wie die Vergangenheit gegenwärtig bleibt. Diese Tatsache soll aus den Bildern sprechen, die zufällige, leise Assoziationen zu dem Erlebten zulassen, ohne sich aufzudrängen.

Der Film wurde in München gedreht, wo er auch das erste Mal gezeigt wurde.

IRRLICHT72 (MEIN KLEINES UNIVERSUM - JENSEITS UND DIESSEITS DES TAT-SÄCHLICHEN), Film in München
Katharina Anna Helming, Trier
Team: Rainer Hirsch (Kamera und Ton), Marc Seestaedt (Fotografie), Ulli Thiele (Schnitt), Ludwig Sporrer (Assistenz und Ton)
Weitere Informationen auf: artkitchen.net/irrlicht72

„Es ist halt eine recht langweilige Mas
morgens in der Früh' aufzustehen, Kaffee, Z
abends nach Hause kommen, klar, fünf Tage
das kann's normal nicht sein, denkt man sic
aber so ist es halt, so ist es einfach..."

Was die Deutschen über Arbeit denken

Deutschland. Eine Arbeitsreise

Um herauszufinden, was die Deutschen über Arbeit denken, reisten sechs Freunde quer durch das Land. In Berlin, Potsdam, Leipzig, Halle, Bremen, Bielefeld, Hamburg, Kiel, Hannover, Stuttgart, München, Frankfurt, Erfurt und Saarbrücken fragten sie Menschen nach Ihrer Meinung. An jedem dieser Orte wurde eine Tafel aufgebaut, um die Erfahrungen, Fotos, Meinungen und Assoziationen der Befragten zum Thema Arbeit festzuhalten. Dabei richteten sich die Initiatoren nicht an eine spezifische Gruppe, sondern an Menschen verschiedener Interessen, politischer Meinungen und Einkommensklassen. Die Beteiligten füllten zudem einen ausführlichen Fragebogen aus.

Das Ergebnis war eine zwei Quadratmeter große Tafel, auf der sich die unterschiedlichsten Auffassungen und Visionen von Arbeit, die sich fanden, vereinen. So ist sie eine Art Momentaufnahme der deutschen Befindlichkeit zum Komplex Arbeit: Wie haben Menschen 2007 über dieses Thema gedacht?

16 Städte in ganz Deutschland an fünf Wochenenden besuchte die Crew vom Saarland aus, um ein Stimmungsbild zur Arbeit einzufangen

Johannes Seibert resümiert: „Unsere Meinung zum Thema Arbeit hat sich jedenfalls grundlegend gewandelt: Hatte jeder von uns anfänglich sein eigenes Bild davon, musste dieses Bild, je mehr und je intensiver man sich mit der Thematik und den Sorgen anderer Leute diesbezüglich auseinandersetzte, durch ein völlig neues ersetzt werden."

Ausgestellt wurde die Arbeitstafel im Rahmen einer Kunst- und Fotoausstellung in Saarbrücken.

ARBEITSTAFEL

Ausstellung - Installation / Foto an 16 Orten in Deutschland

Johannes Seibert, Quierschied

Tobias Warken, Christian Arent, Daniel Bahr, Kamila Korycíorz, Michael Heit

Der Lohndrücker

Arbeit gab es, gibt es und vielleicht wird es sie sogar für immer geben. Aber ihre Form wandelt sich. Das Projekt „Was ihr sollt", das auf Heiner Müllers „Der Lohndrücker" basiert, stellt Formen der Arbeit in den Jahren 1948 und 2007 gegenüber. Ort der Handlung ist eine Baustelle. Dabei spielt die erste Fassung im „real existierenden Sozialismus" der DDR, die zweite in der „sozialen Marktwirtschaft" der BRD. 1948 setzten Materialmangel, strenge Normen und staatliche Aufbauideologie die Arbeiter unter Druck. 59 Jahre später sind es Rationalisierungen, Existenzängste und die Senkung der Lohnnebenkosten. Am Ende des Projektes stand ein Doppelstück, das in jeweils 45 Minuten die gleichen Charaktere in verschiedenen Zeiten und verschiedenen Systemen zeigt.

Wie seid ihr auf das Stück gestoßen? Wir haben uns oft nach Seminaren, auch solchen zur DDR-Kultur, getroffen und zusammen in der Mensa und in Cafés diskutiert. Es war gerade die Zeit der Müllmänner- und Ärztestreiks und wir haben dann ein Stück gesucht, das diese Problematik aufgreift, mit dem man die Arbeitswelt reflektieren kann. Letztendlich stießen wir auf Heiner Müller. Der Lohndrücker ist zumindest für seine Entstehungszeit ein brisantes Stück. Ich fand, dass es zwar ein sehr starkes Stück ist, es heute aber nicht mehr funktioniert, weil die darin verhandelte Problematik des sozialistischen Aufbaus nicht mehr da ist.

So entstand die Idee es zu modernisieren, es in die heutige Zeit zu versetzen. Allerdings mussten wir dann feststellen, dass das so einfach nicht ist. Der „Witz" geht verloren, weil dieses alte Stück natürlich auf einem ganz anderen Blick basiert, einem, den wir heute nicht mehr haben. Christian Rema hatte dann die grandiose Idee, das Stück einfach zweimal zu spielen.

Worum geht es im Lohndrücker? Der Lohndrücker hat eine sehr komplexe Geschichte. Es geht um den Aktivisten Balke, der sich ganz dem Aufbau des Sozialismus widmet. Balke möchte den Sozialismus voran bringen und achtet dabei nicht auf sich selber. Er hat sich der sozialistischen Idee verschrieben und schuftet nicht zu seinem eigenen Vorteil oder dem seiner Mitmenschen. Seine Kollegen versuchen das zu verhindern, denn durch sein schnelleres Arbeiten werden ihre Normen erhöht und damit auch die Löhne gesenkt. Und dieser Zwiespalt zwischen den Idealen der Arbeit und der Gemeinschaft – dass wir meinen, „je mehr wir schaffen, desto besser wird es uns allen gehen" – und dem Individuellen, ist die Kernproblematik des Lohndrückers. Zudem läuft der Aufbau des Sozialismus nicht nach Plan, es gibt Probleme mit dem Alkoholismus und dann diese Versuche – es spielt ja 1948 –, sich mit der eigenen Vergangenheit auseinanderzusetzen oder aber sie zu ignorieren. Das sind Versatzstücke, die Heiner Müller einbaut und Fragen, die er

Thomas Jäkels und Florian Kautters Lohndrücker-Bearbeitung ist eine dialektische Antwort auf Müllers Stückvorlage – ganz im Sinne Heiner Müllers. So wie Müller dem ersten „Held der Arbeit" eines sozialistischen Berlins eine faschistische Vergangenheit angedichtet hat, so haben ihm Jäkel/Kauttner eine kapitalistische Gegenwart geschaffen. Der „Balke" von vorgestern begegnet dem „Balke" von gestern (soweit H.M.), und hier (bei T.J./F.K.) begegnet der „Balke" von gestern dem „Balke" von heute: Die provokative Forderung, die diesen Kontrastverläufen innewohnt, ist ein Balke von morgen."
(Falk Strehlow, Autor des Buches „Balke. Heiner Müllers „Der Lohndrücker" und seine intertextuellen Verwandtschaftsverhältnisse")

bewusst offen lässt. Es bleibt fragmentarisch und das ist auch das Schöne. Es gibt keine Antworten, es kann nicht gesagt werden, der ist gut oder der ist böse. Dem Publikum wird die Antwort auf die Frage „Was würdest du an dieser Stelle tun?" selbst überlassen und das ist sehr spannend, denn es funktioniert auch heute noch.

Welche Unterschiede zwischen 1948 und 2007 habt ihr herausgearbeitet? Beide Stücke spielen auf derselben Baustelle. 1948 wird ein repräsentativer Bau errichtet, der 2007 wieder abgerissen wird. Der Ort ermöglicht die Verbindung zwischen den beiden Stücken und das Ganze spielt ein bisschen auf den Abriss des Palastes der Republik an.

Ich glaube, der größte Unterschied ist der, dass Balke, der Aktivist, damals für ein Ideal arbeitete und 2007 nur noch für sich selbst. 2007 geht es darum persönlich voranzukommen, allerdings mit der gleichen Argumentation wie 1948: Wenn ich vorankommen will, muss ich mehr tun oder besser oder schneller sein oder mache das für weniger Geld. Dadurch bringt Balke das System wieder durcheinander und schadet seinen Kollegen, deren Arbeitsplätze er mit seinem Verhalten letztlich in Gefahr

bringt. Es ist natürlich auf der einen Seite gut, dass jemand sagt, er könne effektiver arbeiten, es kann aber auch bedeuten, dass sich jemand selbst mehr ausbeutet, als er müsste und anderen Menschen die Chance auf eine vernünftige, ja, akzeptable Form der Arbeit nimmt.

Die hierarchischen Strukturen sind heute die gleichen. Auch heute steht jemand in der Hierarchie über dem Bauleiter, damals war das der Parteisekretär. Diese Strukturen gibt es immer noch, aber die funktionieren anders, nicht mehr so ideologisch. Heute funktionieren auf der Basis Lohn und eben auch durch die Androhung von Entlassung. Die Strukturen sind gleich, nur deren Mechanismen haben sich geändert.

WAS IHR SOLLT UND WIE [H]EINER DIE WELT SAH
Theater
Thomas Jäkel & Florian Kautter, Berlin

Habt ihr Euch gleich am Anfang des Projekts mit dem Arbeitsaspekt beschäftigt? Ja, der Arbeitsaspekt war wegen diese Müllmänner- und Ärztestreiks und dem Streik bei Siemens der Ausgangspunkt. Für uns ging es auch um Arbeit in der Zukunft. Wir alle werden ja irgendwann unser Studium beendet haben und als Absolventen eines Philosophie- und Geschichtsstudiums wartet der Arbeitsmarkt nicht gerade auf uns. Das ist nicht schlimm, finde ich, denn es gibt ja genug Arbeit. Die wird zwar nicht immer bezahlt, aber tun kann man ja trotzdem viel. Wir haben uns gefragt, wie das für uns mal aussehen wird und warum die Leute streiken, ob es abwegig ist, gerade jetzt sieben Prozent mehr Gehalt zu verlangen oder auf die 40-Stunden-Woche zu bestehen.

DAS SUPATOPCHECKERBUNNY MEINT:

Heiner Müller hat auf dem Dorotheenstädtisch-Friedrichswerderschen Friedhof übrigens einen sehr stylischen Grabstein. David Bowie wurde schon dabei beobachtet, wie er eine Zigarre darauf deponiert hat.

FREMD-KÖRPER
Ausstellung - Installation / Foto, Berlin
Silvio Heinze, Dresden
Dorothea Löffler, Keynan Dietrich, Anton Kretschmer

Fremdkörper
Arbeit in Bildern

In der Arbeitsagentur Berlin Mitte hängen vier großformatige Bilder. Bilder, die Menschen bei der Arbeit zeigen. Normal, schließlich gehts hier im ganzen Haus um Arbeit. Oder ums fehlen eben dieser. Oder auch nicht ganz normal. Die Betrachter, die nicht nur im vorbeieilen durch die langen Flure der Arbeitsagentur auf die Bilder schauen, sehen verstörendes. Menschen, die einfach nicht zur Arbeit passend wollen, mit der sie fotografiert sind.

„Auf den Bildern sind Menschen zu sehen, die in der jeweiligen Arbeitsumgebung Fremdkörper darstellen", erklärt Silvio Heinze, der sich dieses Projekt ausgedacht hat. Besonders durch das Ausstellen in einer großen Arbeitsagentur will das Projekt Arbeit in Bilder den Blick schärfen – für sinnvolle Arbeit, die wirklich zum Menschen paßt.

www.arbeit-in-bildern.de

Fritjhof Bergmann

Arbeit, die man wirklich, wirklich will.

Arbeit, die wir wirklich, wirklich wollen, ist eine Idealvorstellung; die allerkürzeste Antwort auf die Frage: was wäre ein entscheidender Fortschritt? Doch was ist Arbeit, die wir wirklich, wirklich wollen? Wissen wir überhaupt, welche Arbeit wir wirklich, wirklich wollen?

Manche behaupten, dass Menschen, die zwanzig Jahre lang am Fließband gestanden haben, nicht mehr wüssten, was sie wollen. Doch nicht nur Menschen, die zwanzig Jahre am Fließband gearbeitet haben, wissen nicht, was sie zutiefst wollen, wahrscheinlich wissen die meisten Menschen nicht, was sie in diesem Leben tatsächlich wollen – dieses Nichtwissen macht einfach einen Teil der menschlichen Natur aus.

Daher ist eine der Hauptaufgaben der Neuen Arbeit: Sehr viele, sehr unterschiedliche Menschen bei dem Ausgraben ihrer verschütteten Wünsche mit Geduld und mit Kompetenz zu begleiten.

Was haben wir bisher über die wirklich, wirklich gewollte Arbeit gelernt? Zunächst, dass viele Menschen lange brauchen, um die Arbeit, die sie wirklich, wirklich wollen, zu erkennen. Diese Schwierigkeit nennen wir die „Armut ihrer Begierde". Viele leiden daran, dass sie auf ihre tiefer liegenden Wünsche nicht mehr hören. Unterstützt man Menschen aber beim Aufspüren ihrer wirklichen Wünsche, dann können sie diese erkennen.

Bei der intensiven Auseinandersetzung mit der Frage, welche Arbeit man will, wird für viele die allgemeine Struktur, die wir die „Polarität der Arbeit" nennen, sichtbar.

Ein großer Teil der Arbeit verkrüppelt Menschen. Ein Großteil der Arbeit, die Menschen tun müssen, verhindert das natürliche Wachsen von Menschen. Im Gegensatz dazu gibt es Arbeit, die einen nicht ermüdet, sondern stärkt; die uns Kräfte gibt, die wir nicht ahnten; die uns erfrischt und sogar heilt; die uns hilft, tiefer in das Leben einzudringen: das ist die wirklich gewollte Arbeit.

So über Arbeit zu denken, mutet märchenhaft an. Es ist deshalb passend, die Kraft dieser Art von Arbeit die „Münchhausen-Kraft" zu nennen. Das bezieht sich besonders auf zwei Geschichten, auf jene, in der der Herr Baron sich und sein Pferd beim eigenen Zopf aus dem Sumpf zieht und noch mehr auf die Geschichte, in der er mit zwei Magneten hinauf zum Mond klettert, indem er immer einen Magneten in die Höhe wirft und sich durch den anderen aufwärts ziehen lässt.

Sich mithilfe der zwei Magneten hochziehen zu lassen, das ist mit der „im Ernst gewollten" Arbeit vergleichbar. Denn diese Arbeit, die man über den eigenen Kopf hinauf wirft, ist es, die einen in kleinen Stücken nach und nach hinauf zieht. Das vielleicht Wundersamste an dieser Kraft ist die Tatsache, dass sie bis ganz hinunter, zu denen, die dicht am Boden sind, wirkt.

Die Revolutionen der Arbeit, die bisher über die Bühne gegangen sind, waren oberflächlich. Das Leben der großen Masse ist in vielerlei Hinsicht das alte geblieben. Die Uniformen der Elite änderten sich – vielleicht auch nur die Knöpfe. Die wirklich gewollte Arbeit kann im Unterschied dazu bis auf den Grund gehen. Köche und Schlosser, Kinderbetreuer und Mechaniker, alle kann man darin unterstützen, der Arbeit näher zu kommen, die sie mit Überzeugung tun wollen. Und wenn sie diese Arbeit tun, dann ändert sich nicht nur ihr Gang, sondern auch ihre Ausstrahlung, die Haltung ihres Kopfes und am Ende die Gesamtheit ihres Leben.

Der Gedanke, dass sehr viele Menschen das Leben nicht wirklich leben, ist uralt. Im Neuen Testament heißt es: „Ich bin das Leben!" Dieser Satz hat nur Sinn und Bedeutung, weil die meisten von uns das Leben nur halb lau leben – sonst wäre dieser Satz überflüssig. Ähnliche Ideen spielen eine gleich wichtige Rolle in allen bedeutenden Religionen. Man kann die wirklich selbst bestimmte Arbeit in diesem Kontext sehen. Denn vielleicht hilft die Arbeit, die man wirklich, wirklich tun will, dabei, das Leben tatsächlich zu leben – mehr als das Besuchen von Seminaren oder das Ausprobieren von Diäten. Vielleicht hilft es sogar mehr als alle möglichen Therapien und mehr als Ideologien?

Der Ausdruck „Arbeit, die wir wirklich, wirklich wollen" gibt uns eine erste Ahnung, in welche Welt wir aufsteigen könnten. Aber die selbstverständlichste aller Fragen ist: Wie kann man von dieser Art von Arbeit leben? Die Antwort auf diese Frage bildet den stark verzweigten zweiten Teil der Neuen Arbeit. Diese zweite Dimension ist einerseits so alt wie die Landwirtschaft und wartet andererseits in der Zukunft auf uns.

Der Kern dieser Idee wird leicht missverstanden: man kann sie verwechseln mit der nachhaltigen Anwendung von Technologien oder auch mit „sanften" oder „angepassten" Technologien. In der Tat, Ähnlichkeiten bestehen, doch was wir meinen, ist trotzdem grundanders. Am schnellsten kann ich den Unterschied mit einer Anekdote aus meinem eigenen Leben erklären.

Ich war noch sehr jung, als ich anfing, an der Universität Princeton Philosophie zu unterrichten. Nach einem Jahr war ich mir gar nicht sicher, ob das Unterrichten die Arbeit war, die ich wirklich wollte. Ich fasste den Entschluss, das Unterrichten aufzugeben und zog mich nach dem Beispiel von Henry David Thoreau in die Wälder von New Hampshire zurück, um dort nur von dem zu leben, was ich selber angebaut hatte. Absichtlich hatte ich keine Motorsäge, sondern nur eine kleine Bogensäge dabei. Diese wurde entscheidend für den Rest meines Lebens – denn die Winter in New Hamphire sind grausig kalt. Ich musste große Stöße von Holz mit der Hand schneiden, um mich vor dem Erfrieren zu retten.

Daraus ergab sich eine Lektion: Am Ende des zweiten langen Winters erkannte ich, dass dieses Leben nicht die von Thoreau versprochene Freiheit, sondern, ganz im Gegenteil, eine selbst verantwortete Sklaverei war. Also stellte sich mir die Aufgabe, an der ich seitdem zusammen mit sehr vielen anderen gearbeitet habe. Es ist eine andere Anwendung von Technologien, oder besser: das Entwickeln von Werkzeugen, Materialien, Maschinen und Technologien, die die „Sklaverei der Bogensäge" endgültig abschaffen werden.

Wie? Dadurch, dass man ein Puzzle von vielen Erfindungen zusammenfügt, so dass ein Dorf oder ein Stadtteil sich nicht nur, wie die Bauern, die eigenen Eier und die eigene Butter herstellen können, sondern auch die eigene Elektrizität, den eigenen Treibstoff und noch weit mehr darüber hinaus. Die entscheidende Lehre ist, dass diese neue, von Erfindungen immer weiter getriebene „Selbstversorgung" ganz ausdrücklich nicht mit kleinen Bächen von biblischem Schweiß und menschenverkrüppelnder Arbeit, sondern mit Leichtigkeit und fröhlicher Eleganz zu erreichen sein soll.

Zur Zeit sind wir nicht mehr weit davon entfernt, das eigene Haus nicht nur mit selber gemachten Möbeln, sondern auch mit selber gemachtem Kühlschrank und Herd herzustellen.

Ein anderer Ansatz in dieser Richtung sind die sogenannten „Monolithischen Kuppelbauten." In den aller unterschiedlichsten Situationen ist eine Antwort auf die Frage, was es denn sei, dass die in tiefer Armut Lebenden wirklich, wirklich wollen, immer wieder der Wunsch nach „einem Raum." „Eine große, weit ausladende Halle, in der man gemeinsam essen, singen, tanzen, und auch gemeinsam beten kann" – also eigentlich ein schützendes Dach, unter dem man die zerstörte Gemeinschaft vielleicht wieder finden kann.

So eine Halle ist zu haben – man kann sie zum Großteil sogar selber, gemeinschaftlich bauen. Es gibt sie in vielen Variationen und obendrein ist eine der Technologien, mit der man sie bauen kann, sparsam und intelligent. Sie entspricht also völlig dem Ethos, der der Neuen Arbeit zu Grunde liegt.

Zum Bauen solch einer Halle benutzt man eine flexible, belastbare, halbkugelförmige „Haut." Diese „Haut" bläst man auf wie einen Ballon und dann spritzt man eine Mischung aus Lehm, Hanf und Zement von außen auf diese Haut. Danach trocknet diese neue, „zweite Haut" drei Tage lang, bis die Schale hart wird. Anschließend zieht man den Stöpsel aus dem Ballon. Die Luft strömt der Haut, die in sich zusammen fällt. Schließlich zieht man die leere Haut vorne zur Tür heraus, um sie zum Bau der nächsten Halle in das Nachbardorf zu transportieren.

Die in Texas angesiedelte Firma, die sich „Monolithic Domes" nennt, hat schon tausende von solchen Domen gebaut. Die Firma selbst passt in den Rahmen der Neuen Arbeit, denn es ist ein fester Teil ihres Angebots, die Kuppel nicht einfach hinzustellen, sondern ein Unterrichts-Team zu entsenden, das Andere beim Selberbauen einer solchen Kuppel unterstützt.

Beim Kuppelbau besteht auch eine sichtbare Verbindung zu dem Gegensatz zwischen der Neuen Arbeit und der alten, Menschen verkrüppelnden Schinderei: Die lange Pause, die eingelegt werden muss, damit die Schale der Kuppel durchtrocknen kann, ist wichtig, denn ein Hintergedanke dieser Erfindung ist es, die Menschheit von der uns verhunzenden Arbeit zu befreien.

Die „Monolithischen Kuppeln" sind natürlich nur eine von einer vielen Arten, intelligenter, billiger und vor allem selbstständiger zu bauen. An vielen Orten experimentiert man etwa mit neuen Mischungen von Lehm und anderen Materialien. Es gibt Versuche, Lehmdächer herzustellen, die selbst den tropischen Regen aushalten. Sollten diese Dächer bald selbst hergestellt werden können, wäre das ein wichtiger Schritt.

Darüber hinaus ist es nicht nur unser Anspruch, genug und gute Nahrung zu haben, sondern wir sehnen uns auch nach Unterhaltung und vielem mehr. Wie aber soll die Gemeinschaft auf Dauer diesem Anspruch gerecht werden? Ein erster Schritt ist das Selbstversorgen in allen Sparten des Alltags wie oben beschrieben. Ein zweiter Schritt ist es, den technischen Fortschritt zu voranzutreiben.

Am Beispiel einer großen, nach dem Prinzip der Alten Arbeit arbeitenden Fabrikhalle lässt sich das erklären. Selbst ein Kind erkennt, dass es verschwenderisch ist, wenn zu beiden Seiten eines Fließbandes hundert Roboter stehen, die immer nur einen einzigen Handgriff machen. An Robotern, die unvergleichlich kompliziertere Arbeiten erledigen können und somit kleinere Fabriken möglich machen, wird schon längst gearbeitet. Dass diese kleinen Betriebe dann „agiler" und flexibler sein werden, ist bekannt. Man könnte sagen, dass das Kleinermachen eine große Stärke unseres Zeitalters ist, denn auf keinem Gebiet hat die Fähigkeit zu Miniaturisieren größere Erfolge gefeiert als in dem beispiellosen Entwicklungswettrennen der Computer.

Dieser Fortschritt in der technischen Entwicklung kann die Neue Selbstversorgung mit einem gewaltigen Ruck auf ein höheres und eleganteres Niveau hinauf heben. Es ist nicht schwer, sich ein Dorf vorzustellen, in dem man drei Wochen lang Altstoffe sammelt, bis eine kleine, mobile Fabrik kommt, die aus altem Glas und Plastik neue Produkten macht. Drei Tage lang wird gearbeitet und am vierten Tage ziehen die Lastautos die Fabrik hinüber zum Nachbardorf. Glas und Plastik sind in diesem Falle auch nur der Einstieg, die Vorübungen, bei denen man das Elementare lernt – nämlich Produkte selbst herzustellen.

Sehr viele Fragen über das wirkliche, wirkliche Wollen, etwa „In welcher Weise helfen wir Menschen, die Antwort zu dieser Frage zu entdecken?", sind nicht einmal gestellt worden – ebenso viele Fragen in Bezug auf die Neue Selbstversorgung. Die Anzahl von Erfindungen und Technologien, mit denen dieser Ansatz weiter konkretisiert werden könnte, ist immens. Innerhalb des engeren Kreises der Neuen Arbeits-Gruppen arbeiten wir, wie schon angedeutet, an einem im Prinzip viel einfacheren Kühlschrank. Der eigentliche Schrank kann vielleicht aus gerecycletem Plastik direkt in Dörfern mit Hilfe der mobilen Fabriken gemacht werden, nur der kleine Hi-Tech Apparat, der die Kühle erzeugt, muss eingekauft werden.

Bei dem Thema Selbstherstellung bleiben oft zwei Bereich unerwähnt: Eines davon ist ein Automobil, das nicht nur elektrisch angetrieben ist, sondern zudem in kleinen Shops hergestellt wird. Ein Auto, dass man selber zusammensetzen kann, dass man selber verändern kann. Oder eine grundsätzlich neue Technologie – nämlich Computer, die den riesigen Schritt von der Information zur Materie machen; die nicht mehr Computer, sondern Fabrikatoren sind, also selbständig dreidimensionale Produkte herstellen.

Foto: Sebastian Schleicher

Es ist noch ein weiter Weg, aber die ersten Schritte sollten sichtbar geworden sein. Wenn sich diese Ideen weiter verbreiten, werden sie große Konsequenzen haben. Die Armut könnte schrittweise abgeschafft werden. Dann würden wir wahrscheinlich weniger Terrorismus erleben. Und ein entscheidender Punkt: Die Monomanie des Wirtschaftswachstums könnte geheilt werden. Wenn wir andere, neue Arten der Arbeit entwickeln, wird die überhitzte Schaffung von Arbeitsplätzen der Alten Arbeit unnötig werden. Das Wachstum kann sich dann ändern. Das bisherige Wachstum der Aufblähungen kann sich dann zur Menschenentwicklung erheben.

WIE ARBEITET EIGENTLICH...

Holm Friebe

Holm Friebe sieht oft müde aus, wenn man ihn trifft. Und wenn man ihn danach fragt, dann antwortet er mit einem bestimmten: „Ja!“ Und schiebt gleich hinterher, dass das aber auch mit den Jahreszeiten zu tun habe und nicht nur mit dem Arbeitspensum. Es hätten sich da bestimmte Regelmäßigkeiten eingestellt. Im Sommer, wenn alle anderen im Urlaub sind, könne man zwanglos und ohne Druck neue Dinge erdenken, im Herbst und Frühjahr arbeite man so weg, was anliegt, und im Winter mache man eine allgemeine Jahresbilanz. Strukturen sind schon wichtig in Friebes Leben, aber nur solche, die er sich selbst erdacht und auferlegt hat. Strukturen, die sich transportieren und mitnehmen lassen, so wie der Rechner, so wie Kalender und Dokumente, die nicht zuhause auf dem Schreibtisch, sondern eben im Internet liegen und gefüllt werden.

Der studierte Volkswirt ist Geschäftsführer der Zentralen Intelligenz Agentur (ZIA), einem Netzwerk aus Freiberuflern in Berlin, die unter anderem das mit dem Grimme Online Award ausgezeichnete Weblog „Riesenmaschine“ betreibt. Die Arbeitsweisen und Produktionsbedingungen der ZIA hat er zusammen mit Riesenmaschine-Redakteur Sascha Lobo in einem Buch mit dem Titel „Wir nennen es Arbeit – Die digitale Bohème oder Intelligentes Leben jenseits der Festanstellung“, das 2006 im Heyne Verlag erschien, festgehalten. Und wie schon der Titel des Buches verrät, ist auch Holm Friebe nicht fest angestellt, sondern arbeitet frei und im Bett, im Zug oder wo eben gerade Internet zur Verfügung steht. Denn ohne Internet geht bei Holm Friebe organisations- und arbeitstechnisch wenig. Zwar hat er auch Ordner zuhause stehen, für die Buchhaltung, denn das muss man ja machen, aber sonst versucht er „physische Lagerhaltung von irgendwas“ tunlichst zu vermeiden. Friebes Arbeitsweise macht die Notwendigkeit hinfällig, mit anderen in einem Raum zu sitzen und auf Zuruf zu arbeiten, er beschreibt das als „kooperatives Arbeiten ohne Streuverluste“. Und Büros hat er demnach zwei: Den Schreibtisch zuhause und jeden Platz auf der Welt, an dem es möglich ist, den Rechner aufzustellen und sich ins Internet einzuwählen. Sowieso hielte Friebe es für sinnvoll und notwendig, wenn überall Internet für jedermann verfügbar wäre, „am liebsten natürlich kostenlos". Und eine Art Abo-System für Arbeitsplätze: Ein Schreibtisch samt Internet zum Mieten in jeder größeren Stadt, je nachdem, wo man gerade ist und eben arbeiten muss. Denn unterwegs ist er gerade viel, dann nimmt er den Rechner mit und damit auch die Arbeit. Das ist anstrengend, aber Friebe hofft dabei einfach, dass „dieses Unterwegssein nicht zum Normalfall wird". Pausen bei der Arbeit bestimmen sich vor allem durch Nahrungsaufnahme. Zudem lerne man mit der Zeit, auch mal Dinge abzusagen. Dies sei aber eine Disziplin, die einem niemand beibringe, da müsse man sich selbst mit rumschlagen.

Im Frühjahr 2007 bekam die Zentrale Intelligenz Agentur eine Anfrage der art cologne, der Kunstmesse in Köln. Man wolle sich öffnen, die ZIA sei als interessantes Hybrid wahrgenommen worden und somit eingeladen. Einfach so etwas aus der Schublade ziehen konnte man nicht. So lag es nahe, das Thema, für das die ZIA steht und an dem sie arbeitet – neue Formen von Zusammenarbeit und Kooperation zu etablieren – dort live und ohne zusätzliche Abstraktionsthemen auszustellen: Es wurde ein Beamer eingepackt und live übertragen, was auf den Bildschirmen der Anwesenden passiert, Arbeit an die Wand projiziert ohne Rücksicht auf Datenschutz und Vertraulichkeitserklärungen. Das Ganze wurde Capitalistic Realism Lounge genannt, angelehnt an eine Happening-Aktion aus den 60ern. Rundum wurde also das Beamerkabel weitergegeben und den Besuchern der Messe gezeigt, wie dieses nomadische Arbeiten funktioniert. Arbeitsplatz ist eben doch nicht Arbeitsplatz, aber genau deswegen plädiert Friebe ja auch für verbesserte Konditionen der Arbeitsplätze to go. Denn das sei das, was er macht und weiter machen will: „Wenn man sich einmal an das hohe Gut der freien Verfügung über den Tag gewöhnt hat, wird es immer schwerer, sich einem Zeitregime zu unterziehen, das nicht das eigene ist." Die Freiheit der Wahl und die Verweigerung des freien Zugriffs von Arbeitgebern auf eine Person und deren Stundenplan ist für Holm Friebe Grund genug, weiterhin so zu arbeiten.

Lisa Rank

5. LIEBE UND ARBEIT

LIEBE UND ARBEIT

Er liebe seine Arbeit, sagt Freund P., und nehme sie auch hin und wieder mit ins Bett. Das ist kein Euphemismus für gelegentliche Seitensprünge mit der Sekretärin. Dafür hat er in seinem grauenhaften Burschschaftlerhumor das Wort „Abstecher" parat. Sondern ganz wörtlich gemeint.

Liebe und Arbeit

Er liebe seine Arbeit, sagt Freund P., und nehme sie auch hin und wieder mit ins Bett. Na klar, Freund P. ist dingsda, dreieinhalbtausend netto, und so erklärt sich sein Lieblingssatz: „Liebe muss einträglich sein."

Wenn P. von seiner Arbeit spricht, klingt das nach tantrischem Sex-Seminar für erotische Erfüllung. Selbstverwirklichung! Erfüllung! Hingabe! Zuckende Augenlider! Lust und Lebensfreude! Lust und Lebensfreude! Energie! Was in seiner frühkindlichen Entwicklung wohl abgelaufen ist, fragt man sich dann, und will es so genau dann doch nicht wissen.

Neulich, als ich unmotiviert in einer größeren Regionalzeitung blätterte, stand da in den Kleinanzeigen zu lesen, ein Frühstücksservice suche eine(n) Brotbeschmierer(in), der/die bereit sei, den Job „mit Liebe und Hingabe" zu erfüllen. Keine Ahnung, was man sich genau darunter vorstellen sollte: Vielleicht der melancholischen Mettwurst gut zureden, sie sei im weitesten Sinne ja auch Fleisch und solle sich nicht grämen, oder aber die Käseschnittchen mit einem Abschiedsbussi in das Körbchen zu legen: obwohl, die Salmonellenprophylaxe. Ich weiß es immer noch nicht, ich hab nicht angerufen.

Wissen wollend, was Freund P. von der Anzeige hält, halte ich sie ihm unter die Nase. „Zwangsprostitution", raunt er, und setzt zu einem 3,5 Liter Rotwein andauerndem Vortrag an, in dem häufiger der Satz „Liebe muss einträglich sein" fällt, und der ungefähr in folgendem Gestammel endet: „Also Freiheit ... Also Arbeit, also, die Arbeit, die Macht ... also Kraft durch ... Naja. Weißt ja selber."

Bleibt die Frage, wie man mit Menschen wie P. befreundet sein kann. Kann man gar nicht: P. darf zwar wählen, ist aber ansonsten völlig harmlos. Klar, dass er wählen darf, macht mir Kopfschmerzen, aber ansonsten, ich meine, er zahlt den Rotwein (der keine Kopfschmerzen macht, weil: er war teuer). Ganz im Vertrauen: Ich bin nicht mit P. befreundet, sondern mit seiner Brieftasche. Um es in seinen Worten zu sagen: „Liebe muss einträglich sein." Freundschaft auch.

Frédéric Valin

Was genau ich als ersten Job machen wollte, stand schon lange fest, ich durfte aber erst mit 16. Meine Mutter zog sich auf den Standpunkt zurück: Kinderarbeit ist verboten, und der ganze Zigarettenrauch an dem Arbeitsplatz, den ich mir ausgesucht hatte, sei auch nichts für eine unter 16-Jährige.

Ich wollte Tresenschlampe sein. Das hatte durchaus Tradition, meine Mutter hat sich ihr ganzes Studium damit finanziert, immer Freude dran gehabt und jede Menge nette Leute aus der Kneipe mit nach Hause gebracht. Als ich mich endlich in einer Kneipe meiner Wahl bewerben durfte, hielt ich, statt ein Vorstellungsgespräch zu führen, einen derart leidenschaftlichen Vortrag über meine Kneipenphilosophie und Opferbereitschaft, dass man mir sofort einen Job anbot – als Babysitter bei der Geschäftsführerin.

CAROLINE KORNELI

Das Tresenwesen

DAS ERSTE MAL

Diese Hürde nahm ich mit Eleganz und mit einem halben Jahr Verzögerung bekam ich, was ich wollte. Fast – nach weiteren zwei Monaten, in denen ich mich der Salatwäsche widmete, war ich dann aber wirklich, wo ich hinwollte: am Tresen. Dann begann die lustige Zeit. Der Job begann um 18.00 Uhr und endete, wenn der letzte Gast ausgetrunken hatte.

Als Tresenwesen war es meine Aufgabe, Getränke zu machen und selbst einzuschätzen, wie viel mein Gegenüber verträgt; auch neue Getränke zu erfinden fiel in meinen Aufgabenbereich, wobei man mir aber bescheinigte, dass die von mir erfundenen Getränke alle gleich schmeckten, nach einer Mischung aus Diätmarmelade und Wodka ...

Der Rest ist schnell erzählt: Ich bongte versehentlich 6000 Cola, flog raus und bewarb mich als Radiomoderatorin. Diese Aufgabe liegt mir wirklich; eigentlich jeder Job, bei dem keine Registrierkasse im Spiel ist.

Drei Jahre habe ich als Radiomoderatorin und Redakteurin gearbeitet, dann wurde ich schwanger und blieb eine Weile zu Hause. Drei Monate nach der Geburt meines Sohnes fiel mir die Decke auf den Kopf. Ich habe einen Handwerker angerufen und bin wieder arbeiten gegangen. Von da an kümmerten sich die liebenswerten kubanischen Zwillinge Cidenia und Cidelia Gonzales um meinen Sohn. Dann fing ich aber zusätzlich zu meiner Arbeit im Radio noch an, für MTV als Reporterin zu arbeiten und sah mein Kind zeitweise nur morgens kurz und abends. Die Zwillinge hatten wieder nach Kuba gemacht und ihren Job bekam Bine, die meinen Sohn aus der Kita holte, ihn hinbrachte, mit ihm aß und spielte und tageweise bei uns einzog.

Als das zweite Baby unterwegs war, nahm ich mir vor, diesmal länger zu Hause zu bleiben, und da sitz ich nun – es ist zehn Uhr, ich habe die Kinder angezogen und gefrühstückt, den Großen in die Kita gebracht und die Wäsche aufgehängt. Das klingt langweilig und das ist es auch. Aber auch ein bisschen schön. Momentan schreibe ich Artikel und Geschichten für verschiedene Zeitungen. Davon wird man nicht reich, aber man kann bei Reichelt einkaufen gehen.

Caroline Korneli, geboren 1981, wurde bekannt mit dem Spruch „Und billig, da stehst du doch drauf" in einer Mobilfunkreklame. Sie ist Moderatorin bei Fritz und MTV und spielt in Fernseh- und Kinoproduktionen mit.

Gesichter der Arbeit

Dana Fennert ist zwei Monate in Marokko. Aber nicht, um Urlaub zu machen, nicht um sich zu erholen. Dana ist hier, um Menschen bei ihrer alltäglichen Arbeit zu begleiten. Verkäufer, Tischler, Fischer filmt und interviewt sie. Mit einem kleinen marokkanischem Team fährt sie durchs Land, um mehr über das Leben vor Ort zu erfahren.

Zurück in ihrem Heimatort Pritzwald bei Greifswald macht Dana dasselbe nochmal – mit Fischern, Tischlern, Verkäufern aus Mecklenburg-Vorpommern.

Enstanden ist so ein 60minütiger Film, der exemplarisch die Unterschiede und Gemeinsamkeiten des Arbeitslebens in Marroko und Deutschland vorstellt – unterlegt mit dem Soundtrack einer marokkanischen Band ein interessanter Einblick in erstaunlich ähnliche Arbeits-Welten.

GESICHTER DER ARBEIT
Film, Marokko/Deutschland
Dana Fennert, Pritzwald

Von außen nach innen – Die Gefühlswelt der Arbeit

Frank Weigert aus Senftenberg fragte sich, wie sich Arbeit eigentlich anfühlt. Mit dem Fotoapparat versuchte er Antworten zu finden:

„Arbeit steht in Verbindung mit vielen Emotionen und Gemütszuständen, Stress, Langeweile, Spannung, Interesse, Desinteresse, Herausforderung, Niedergeschlagenheit, Anstrengung und vielen mehr. Mit Hilfe von Farben und Formen habe ich diese Emotionen nachvollziehbar wiederzuspiegeln versucht. Einige dieser Wahrnehmungen stehen im krassen Gegensatz zueinander, was zu sehr spannungsgeladen und dynamischen Bildern geführt hat."

Dass Spaß, Freude oder Befriedigung hier gar keine Rolle zu spielen scheinen, kann auch als ein Anzeichen dafür gelesen werden, wie heute über Arbeit kommuniziert wird: Sie ist in erster Linie ein Problem. Sich Hände reibend und voll Vorfreude zu fragen „was mache ich denn nur mit meinen ganzen Fähigkeiten und worauf habe ich denn am meisten Lust?", ist da eine geradezu abwegige Vorstellung. Schade.

Die Fotoausstellung wurde in einer Begegnungsstätte des ASB gezeigt.

DIE GEFÜHLSWELT DER ARBEIT
Ausstellung - Installation / Foto
Frank Weigert, Senftenberg

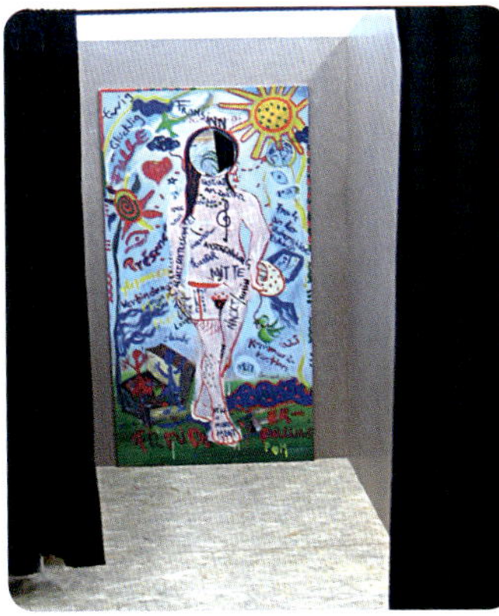

EYE-DENTITY – Selbstportrait

Wann hat man schon mal die Gelegenheit, sein eigenes (Spiegel-) Bild radikal zu verändern und an das anzupassen, was man wirklich sein will. In Marie Letkowskis Projekt war dies möglich: In vier Kabinen mit lebensgroßen gemalten Ganzkörperfiguren in den Spiegel zu sehen – und die Figuren entsprechend weiter zu malen. Anschließend befragte das Projekteteam die Besucher nach ihrer Erlebnissen und Vorstellungen zum Thema Arbeit und stellte diese aus. Eine Woche lang wurde so eine alte Sporthalle in der Berliner Ritterstraße zu einem Experimentallabor für Identitätstuning.

EYE-DENTITY/ SELBST-PORTRAIT?
Aktion/Performance
Marie Letkowski, Berlin

Arbeit an der Grenze

Irgendwo zwischen Arbeit und Liebe

Svens Heimatdorf Altwarp liegt am Stettiner Haff und außer ein paar Häuschen, einer Handvoll arbeitsloser Kumpels, einigen Schiffen und einem kleinen Zollhäuschen an der Grenze zu Polen hat es nicht viel zu bieten. Von hier aus hat man nicht gerade die sonnigsten Aussichten für einen Start ins Arbeitsleben. Ein paar Kilometer weiter liegt das Dorf Neuwarp, es gehört schon zu Polen. Die Verbindung zwischen den Dörfern beschränkt sich fast ausschließlich auf den Handel mit Zigaretten und Alkohol, wobei der Verkauf nicht in den Dörfern statt findet, sondern auf den so genannten Butterschiffen, die „duty free" verkaufen.

Glück ist, das zu mögen, was man muss. Und das zu dürfen, was man mag.

Ein Aushilfsjob, den Sven im Sommer auf einem dieser Butterschiffe annehmen muss, verändert sein Leben. Irgendwie gerät er zwischen verschiedene Fronten und sieht sich mit einer Reihe von Fragen und Entscheidungen konfrontiert. Er ist hin und her gerissen zwischen seinen Kumpels, den eigenen Wünschen und Erwartungen und einer unbekannten Polin, in die er sich verliebt. Durch diese Veränderung in seinem Leben kommt er in die Lage zu erkennen, dass die Sprüche seiner Freunde nicht witzig sondern rechtsradikal sind.

Dieser Kurzfilm von Tobias Wiemann erzählt eine Geschichte über Vorurteile und Gefühle von Jugendlichen. In der Enge und dem grauen Alltag eines piefigen Dorfes in Mecklenburg Vorpommern leben sie mit Arbeitslosigkeit, verstockten Kleinbürgern und Rechtsradikalen. Hier finden sich aber auch die erste Liebe und der erste Job. Einen fast philosophischen Überbau liefert in der Geschichte Hagen, der kauzige Arbeitsberater des Protagonisten, der immer wieder das Geschehen und die entstehenden Konflikte zwischen den verschiedenen Figuren kommentiert.

Neben dem VIVA-Moderator Klaas Heufner-Umlauf in der Rolle des Sven, spielte Günter Schubert den Kapitän. Weitere Darsteller waren: Michael Dillmann, Kuba Firewicz, Helena Schlett und Christina Schletze.

Zitate aus dem Film:

„Die Kunst unseres Lebens besteht darin, Sorgen in Denken zu verwandeln, und Ängstlichkeit in gute Taten."

„Du als Deutscher kannst nicht sechsmal am Tag nach Polen einreisen."

ALTWARP-NEUWARP Film in Torgelow
Tobias Wiemann, Berlin
Helena Schlett (Redaktion), Andreas Rettig (Kamera) und Mario Wiemann (Ton).

DAS SUPATOPCHECKERBUNNY MEINT:

Auch ein wichtiger Aspekt der Arbeit, der hier ganz nebenbei thematisiert wird: Viele Menschen lernen über ihre Arbeit ihre Lebenspartner oder sonst welche Liebesgeschichten kennen. Darum ist es gut, wenn man wo arbeitet, wo die Leute nett und gutaussehend sind!

ROLAND KRAUSE

Halbwissen für alle

DAS ERSTE MAL

Der Biotechnologie-Studiengang an der FH in Bingen sollte einen in den 90ern auf den Betrieb von industriellen Grossfermenter vorbereiten. Wie die wenigsten von uns begeisterte ich mich kein bisschen für Rührerbauformen, Nährlösungen und Mischungskennzahlen, hatte aber Zukunftsängste und gefühlte Perspektivlosigkeit in ein angestrengtes Strebertum kanalisiert und mein Studium soweit erfolgreich bestritten.

Am Beginn des Studiums wollten wir in der Industrie forschen und deren Ergebnisse anwenden, hatten aber schmerzlicherweise festgestellt, dass man dort jedoch Spezialisten mit Promotion suchte. Ohne den Doktortitel würde man zeitlebens die nützliche Hand bleiben, den Anglizsmen der Tonangebenden ausgeliefert. Die Gesichter der wenige Doktoranden, die man so traf, waren genauso von Hausfrau-und-Mutter-Aussichten gezeichnet wie die meiner Kommilitonen. Denn selbst wenn man sich als Fachhochschüler wand und reckte und durch das Toilettenfenster die Möglichkeit zur Promotion nahm: Statt Selbstbestimmung und erhöhtem Marktwert erwartete einen wohl nur ein Arbeitsmarkt von wenigen Quadratangström in einem Tortendigramm sowie eine etwas größere Fallhöhe zum Pharmavertreter.

Die letzten Sommer-Semesterferien verbrachte ich mit verängstigter Suche nach einer Berufsperspektive und stiess auf eine neu gegründete Firma in Tübingen, die irgendwas mit biologischer Hochdurchsatzforschung machte. Ich bewarb mich erfolgreich auf das ausgeschriebene zweiwöchige Praktikum.

In dem grauen Block aus den 80ern sah es genauso aus wie in anderen Laboren. Aber die etwa 20 emsig Beschäftigten waren auf sympathisch-aufdringliche Weise überzeugt von dem was sie taten. Die meisten waren Wissenschaftler, die aufblühten, weil sie den zähen Strukturen der akademischen Forschung entkommen waren, und brannten darauf es ihren Herren an den Instituten und Universtäten zu zeigen. Sie brachten einen bunten Strauß an Spitzenforschung mit, den man um eine Informatikplattform drapiert hatte.

Ihr Enthusiasmus wurde noch von ihrem Geschäftsführer übertroffen, der mit den Kartoffelstempeln „reicher Erbe", „Studium in der Schweiz", „Doktor der Neurobiochemie" und „Fußball-Fan" bedruckt war. Gleich ob man das ignorierte oder einbezog, konnte man nicht mit ihm reden ohne angesteckt zu werden. Anfangs versuchte ich mich mit Westerwelle-Vergleichen vor der geistigen Übernahme zu schützen, doch mein Widerstand verlor sich in den ersten Minuten der Ansprache. Das schlimmste, was ich ihm jemals vorwerfen werde, sind die weißen T-Shirts, die aus den blauen Hemden hervorschauten.

Das Praktikum war nach zwei Wochen Laborarbeit beinahe beendet, als mir August, der Chef der Bioinformatiker das zentrale Program vorstellte, dass er entwickelt hatte. Seit einiger Zeit wurden molekular-biologischen Daten in solchen Mengen erzeugt, das die althergebrachte Auswertung von Hand zu aufwändig geworden war. Bioinformatiker wie er wurden von den Kollegen im Labor belächelt, weil sie ja selbst keine Experimente durchführten, aber auch beneidet, weil sie Daten am Computer auswerten konnten, ohne sie vorher auszudrucken. August klickte begeistert in seinem Programm herum und erläuterte, wie man Eigenschaften von Biomolekülen vorhersagte. Mit dem guten Gefühl der unklaren Erleuchtung drängelte ich auf weitere Einsichten, bis mir August die Innereien der Maschine auf der Kommandozeile vorführte.

Hier, weit jenseits meines Verständnishorizonts, traf ich meine Bestimmung. Leider konnte ich nicht programmieren, und hatte nur wenig Ahnung von Biophysik oder der erforderlichen Mathematik. Das bekam ich auf meine verschämte, aber unausweichliche Frage nach geeigneten Qualifikationen auch zu hören.

Von den „Can do"-Gesängen im Hintergrund angesteckt, liess ich nicht locker, bot an, mich im verbleibenden Semester weiter als Praktikant nützlich zu machen, um anschließend meine Diplomarbeit in der Bioinformatik in der Firma durchzuführen. Schliesslich zwang mein Terrierblick August in die Knie. „Wir haben sowieso keine Leute, die sich auf dem Gebiet auskennen." Nach einem Jahr sollte ich ja das Mindeste gelernt haben.

Überglücklich fuhr ich zurück und verbrachte fortan die meiste Zeit vor dem Rechner, jeder Bildschirmneuaufbau zeigte mir meine große Zukunft. Falls ich in der WG auf Leute traf, erzählte ich ihnen stattdessen von meiner neuen Berufung. Nachts zauberten mir meine Synapsen begeisterte Projektionen einer schönen neuen Zeit, in der kleine Fachhochschüler wertvolle Mitglieder der Gesellschaft werden. Endlich hatte ich einen Grund gefunden meine Freundin nicht mehr anrufen zu müssen oder nachts Bier von der Tankstelle zu besorgen, nur weil Leute in der Küche sassen. Ich überlegte Popmusik zu hören und fand mich mit einem Seitenscheitel ab.

In der Praktikumszeit stellte ich die erste Benutzer-Dokumentation für das Hauptprogramm der Firma zusammen. Der Algorithmenzoo, auf den das Programm aufsetzte, wurde über Nacht zur Selbstverständlichkeit, auf den Zugfahrten blätterte ich andächtig in den Lehrbüchern und trug sie so, dass jeder ihre Titel lesen konnte.

Nach den Abschlussprüfungen versorgte ich meine Kommilitonen mit etwas Mitleid für ihr Leben hinter den Stahltanks, wo immer Mariah Carey lief. Zur Diplomarbeit konnte ich endlich fortziehen und liess meine Kiefernmöbel von einem Restfreund nach Tübingen fahren. Er hatte nicht verstanden, dass ich fortan in der besten Firma der Republik arbeiten würde, und witzelte über meine Erklärungsversuche, warum es realistisch war, das wir an die Börse gingen. „Nicht jetzt, in ein paar Jahren, mit 300 Mitarbeitern". „Viel Glück, Zukunft der Bioinformatik" rief er, bevor er zurückfuhr.

Ehrfürchtig erweiterte ich das zentrale Programm um einige bereits anderswo beschriebe Funktionen. Das Gelernte rührte ich zu einer Diplomarbeit zusammen, goß sie in LaTeX, und gab ab, weil meine ungebrochene Begeisterung an wichtigeren Stellen gebraucht wurde. Ein paar Wochen später wurde ich zum Projektmanager bestellt, aber nicht abgeholt. Die Zusammenarbeit von mehreren Partner aus Industrie und Forschung zur Analyse eines bakteriellen Genoms wäre ein schönes Projekt geworden. Leider konnte der erste Partner die biologischen Materialien nicht bereitstellen und wir warteten Monate auf den Beginn.

Gut gefielen mir die regelmäßigen Projekttreffen mit dem Hauptpartner meines Projektes, einem mittelgroßen Pharmaunternehmen. Anfangs war mir bange, als ich den Dienstwagen aufs Werksgelände fuhr und Erinnerungen an vergangene Zeiten als Ingenieur stellten sich ein.

Es war vereinbart worden, dass wir Trainingsmaßnahmen im Rahmen des Projekts durchführten, was darauf hinauslief, dass ich einem zehn Jahre älteren promovierten Bioinformatiker erklären durfte, wie das Programm funktionierte. Ich hatte selbst noch so viele Fragen zu dem Programm, dass ich mir nicht vorstellen konnte etwas sinnvolles zu erzählen, dass nicht selbstverständlich war. Schlimmer noch, inzwischen hatte ich auch viele Lücken im Programm entdeckt. Glücklicherweise wollte er hauptsächlich über die drohende Reorganisation reden und besprach mit mir die neusten Jobangebote aus den Forschungszeitschriften.

Trotzdem blieben mir Zweifel meiner Eignung, aber der gepflegte Umgang mit der Unkenntnis hatte mich gewappnet. Ausgebildete Spezialisten gab es in diesem Gebiet schliesslich nicht, jeder war auf seine Weise Quereinsteiger. Leider hatte ich in den 12 Monaten nicht alles über lineare Algebra, genomische Strukturen, biophysikalische Gleichungen, Java, Perl, Balanced Score Cards und Algorithmen der Bioinformatik gelernt, aber vieles aufgeschnappt. Objektorientierung nicht zu verstehen, beziehungsweise mit seinem Unvermögen daran kritisch umzugehen war guter Ton. Bioinformatikern, die aus der Informatik gewechselt waren fehlte der biologische Hintergrund; andersherum verzweifelten viele Programmierer an ihren Vorgesetzten aus der Forschung, die Datenbanksysteme mit Produkten aus dem Homeshoppingkanal gleichsetzten.

So stieß jeder um mich herum täglich an seine Grenzen; ich nahm mir ein Vorbild an August, der eine gute Idee über seine Programmierbemühungen in ein Produkt verwandelt hatte, obwohl ihm die meisten seiner Angestellten offen vorwarfen, er können nicht ernsthaft programmieren. Wir verkauften das Programm schließlich einige Male und die Bioinformatik wurde zum Aushängeschild der Firma. Kamerateams, Politiker und Risikokapital kratzten an unseren Türen. Im Treppenhaus roch es nach Börsengang.

Wir sammelte in diesen Tagen Mitarbeiter wie ein Zwölfjähriger MP3-Dateien, jede Woche sah man neue Gesichter. Als alter Hund begrüsste ich alle herzlich und freute mich über die neue Expertise. Mittlererweile war mir klar geworden, dass die ersten Mitarbeiter, die mir einst Vorbilder gewesen waren, ihre Ankündigungen nicht umgesetzt hatten. Glücklicherweise fanden sich unter den neuen Leuten immer wieder solche, die die Qualitäten hatten, das Potenzial der Firma auszuschöpfen, weil sie Erfahrung bei unseren Konkurrenten gesammelt hatten.

Einige der Neuen waren alte Bekannte aus einem Forschungsinstitut, die ich schon in der Altstadt mit anderen Mitarbeitern getroffen hatte und die Anfangs schlechte Worte über die Firma und ihre Gründer verloren hatten. Ich fand es schön, dass sie ihre Meinung ändern konnten, außerdem brachten sie neue Kompetenzen ein, die für den Börsengang, nützlich sein könnten. Aufgestachelt von Spiegel Online und CNN saßen sie tagsüber konzentriert vor ihren Schirmen und verfolgten die Aktienstände. Viele hatten Aktien gekauft, um im Bilde zu sein.

Da ich bereits alles, was mir bei H&M passte, gekauft hatte trug ich mein Geld zum Versicherungsmakler. Letzter Streich war eine Berufsunfähigkeitsversicherung. Mir war zwar nicht klar, wie ich noch weniger für einen Beruf geeignet sein konnte als für meinen jetzigen, aber schön wenn man sich gegen Unfähigkeit versichern konnte.

So hatte ich ein wenig Geld, dass ich einsetzen konnte und sah es als meine Pflicht, selbst Erfahrungen mit der Börse zu sammeln. Eine Woche auf dem „Erneut laden"-Knopf meines Browsers bescherte mir 100 DM. Trotzdem schwor ich mir, das nie wieder zu versuchen und meine Zeit sinnvoller einzusetzen.

Die Beschäftigung mit der Wirtschaflichkeit brachte indes Zweifel auf. Ob es überhaupt möglich war, etwas überzeugendes auf die Beine zu stellen? Und was würde mir bleiben, wenn sich die Firma auflöste? Ich redete mit dem Personalleiter, einem meiner verbleibenden Helden. Eine Weile trug ich mich mit der Idee, es ihm nachzutun und mich als Berater zu versuchen oder einen MBA aufzulegen. Um meine mangelnde Vorbildung wollte ich mir nie wieder Sorgen machen. Er riet mir dennoch, mich als Wissenschaftler weiterzuentwickeln. Beinahe etwas widerwillig folgte ich seinem Rat. Wissenschaftler war ich doch schon fast.

So besuchte ich bald eine Konferenz in den USA, um mich nach geeigneten Doktorandenstellen umzuschauen. Fachhochschüler, (27), im Wunderland (USA): Meine erste Konferenz unter Wissenschaftlern. Der Enthusiasmus, der sich durch den Jetlag einstellte hörte nie wieder auf.

Am Abend gab es im Konferenzhotel ein Essen; da meine Gruppe, hauptsächlich Doktoranden, länger an der Bar geblieben war, geleiteten uns die Kellner an den großen Tisch in der Mitte, an dem sich schon hohe Herren versammelt hatten, allerdings zu wenige um ihn auch nur zur Hälfte zu besetzen. Viele kannte ich von Veröffentlichungen oder den Vorträgen des ersten Tages. Ich kam an der Naht der beiden Gruppen zu sitzen, zu meiner Rechten ein Walter Gilbert, Boston, wie mir sein Namensschild verriet. Da beide unsere Nachbarn anderweitig redeten machte ich einen vorsichtigen Versuch. „Walter Gilbert, that name should ring a bell." „Nobel prize in Chemistry, 1980" war die kurze Antwort. Er hätte auch sagen können "Founder of Biogen, the first Biotech-Company" oder „Initial promoter of the RNA-world-hypothesis", einer der zentralen Schritte in der Entstehung des Lebens auf unserem Planeten. Angesichts meines Faux Pas versuchte ich witzig zu sein. „Oh, the Maxam-Gilbert method for chemical DNA sequencing. I am glad my biochemistry class is not listening." „Yes", sagte er, „but Maxam was just a technician".

So bald ich konnte, schlich ich mich davon. Einen Monat später gründeten ein paar stadtbekannte Wissenschaftler ein neues Unternehmen, ich hatte Glück frühzeitig davon zu erfahren und handelte mit ihnen die Möglichkeit zur Promotion aus. Meine alte Firma ging kurz danach an die Börse, kaufte noch ein paar Konkurrenten und hielt im Abschwung der New Economy noch zwei Jahre durch, etwa solange wie ich brauchte mir abzugewöhnen, alle daran zu erinnern, welche Buchstaben des Firmennamens Binnenmajukseln waren.

Stille Zukunftserwartung

Das Leben mit Arbeit kann schwierig sein. Das Leben mit Kindern ist ein nervenaufreibender Job. Kombiniert man Kinder und Arbeit, erhält man eine einschneidende Veränderung im Leben von Menschen. Diesen Übergang will Filmemacher Witja Frank in seinem Dokumentarfilm „Stille Zukunftserwartung" begleiten. Im Rahmen des **100.000 EURO JOB**s konnte Witja sein aufwändiges Langzeitdokuprojekt starten und in Berlin erste Ausschnitte präsentieren. Im Rahmen eines Werkstatt-gesprächs berichtet er auch von den Schwierigkeiten eines solchen Projektes: „Mit dem vorläufigen Ergebnis meines Dokumentarfilms bin ich zufrieden. Ich habe mir jedoch erhofft dichter an meine Protagonistinnen und deren Arbeitswelt zu kommen, das ist mir leider noch nicht gelungen. Ich habe einen zweiten Anlauf genommen, um an eine entsprechende Drehgenehmigung in den Betrieben zu kommen. Die Präsentation des Trailers hat mich optimistisch gestimmt, da mich an diesem Abend unterschiedlichste Menschen angesprochen haben und die begeistert von der Thematik und Umsetzung waren.

STILLE ZUKUNFTS-ERWARTUNG
Film
Witja Frank, Berlin

Der Dokumentarfilm könnte aufgrund der schwierigen Bedingungen eine Drehgenehmigung zu bekommen doch eine mehr private Perspektive bekommen als geplant. Ende 2008 soll der Film nach dem eingereichten Konzept fertiggestellt werden, wenn es mir diesmal gelingt in die jeweilige Arbeitswelt der Mütter vorzudringen, ohne deren Job zu riskieren."

Arbeiten, um zu leben, oder leben, um zu arbeiten?

Paul ist gerade einmal zwanzig, hat einen gut bezahlten Job und sogar digitales Fernsehen. Und weil das so ist, lässt er keine Gelegenheit aus, das allen mitzuteilen.

Sein Job besteht allerdings darin, in einem Hasenkostüm durch trostlose Einkaufspassagen zu laufen und Flyer zu verteilen. Als er eines Tages in dieser Aufmachung seiner früheren großen Liebe Nicky begegnet, die ihn eiskalt abservierte, gerät seine Selbstdarstellung ins Wanken. Als dann auf einer Party die Sache mit Nicky außer Kontrolle gerät, wird Paul klar, dass er einiges in seinem Leben ändern muss.

Der Kurzfilm „Ich und die Anderen" erzählt ruhig und ohne Pathos aus dem Alltag des jungen Protagonisten, der zunächst wegen seiner Selbstgefälligkeit nicht gerade sympathisch wirkt. Eigentlich verdient Paul sein Geld auf ganz unspektakuläre Weise, ohne sein Potenzial dabei ausschöpfen zu können. Dem vermeintlichen Luxus, den er sich durch den Job leisten kann, ist er völlig verfallen. Als ihn seine Freundin verlässt, muss er schmerzlich erfahren,

dass in der Arbeit/im Geldverdienen nicht das wahre Glück liegt.

Wie nebenbei fragt der Film nach dem identitätsstiftenden Moment von Arbeit. Inwieweit definiert man sich über seine Arbeit? Arbeitet man nur, um sich dann den Konsumzwängen zu unterwerfen? Ist es der Lohn für die Arbeit, der uns glücklich macht oder doch der Sinn, den wir unserer Arbeit zuschreiben? Arbeiten wir um zu leben oder leben wir um zu arbeiten? Kann Arbeit überhaupt glücklich machen?

Die Filmpremiere fand am 24. Februar 2007 auf den Kulturtagen Oldenburg statt, eine weitere Präsentation gab es an der Oldenburger Waldorfschule. In Oldenburg wurde der Film auch gedreht.

Eike Weinreich spielte Paul, die Schauspielschülerin Wilma Elles übernahm die Rolle der Nicky, das Theaterurgestein Elfi Hoppe gab eine ältere Dame und auch der Berlinale-Newcomer 2006, Paul Preuss, war zu sehen.

ICH UND DIE ANDEREN Film
Drehbuch und Regie: Amon Thein (schwarzseher.com), Oldenburg
Musik: Thomas Knochenhauer Produktion: Phillip Sonnhoff Maske: Jörg Runk Ton: Adel Gamehdar Ausstattung: Markus Wulf Regieassistenz: Lucien Kessler Kameraassistenz: Julian Krätzig, Artwork: Hendrik Müller

DAS SUPATOPCHECKERBUNNY MEINT:

Es gibt eindeutig auch würdelose Jobs. Die sollte man vielleicht nicht machen und sich lieber die Selbstachtung bewahren. Sonst wird man am Ende noch kriminell. Und leider, so muss man anmerken, bekommt man für so'n Hasenjob ja in Wirklichkeit gar nicht viel Kohle. Das ist dann zusätzlich zum kriminell werden!

WIE ARBEITET EIGENTLICH...

Professor Klaus Hurrelmann

Klaus Hurrelmann, Professor für Sozial- und Gesundheitswissenschaften an der Universität Bielefeld, setzt sich seit Jahrzehnten wissenschaftlich mit dem Thema „Jugend" auseinander. Der Grund für diese Begeisterung findet sich u.a. in seiner eigenen Jugend. Es habe da ein Schlüsselerlebnis gegeben, als er dreizehn Jahre alt war, so genau weiß er das nicht mehr. Er erinnert sich daran, dass er damals das Gefühl hatte, nicht richtig ernst genommen zu werden und dass er auf sich aufmerksam machen wollte. Er beging einen Diebstahl, die ganze Sache flog auf und am Ende stand er vor einem Jugendgericht und wurde verurteilt, weil er gerade vierzehn geworden war. Genau diese Situation schwirrte wieder in seinem Kopf herum, als er mit seinem Studium der Soziologie, Psychologie und Pädagogik fertig war. Und so wurde sein erstes Vorhaben nach dem Abschluss ein Projekt zur Jugendkriminalität.

Seit 1966 lehrt Hurrelmann nun an der Universität Bielefeld, erst Pädagogik, dann Sozial- und Gesundheitswissenschaften. Seit 1998 leitet er das Kooperationszentrum „Health Behavior in School-aged Children" (HBSC) der Weltgesundheitsorganisation (WHO). Zudem lehrte er auch mehrere Jahre in den USA. Das Thema Jugend sei für ihn noch immer spannend, sagt Hurrelmann, der übrigens auch die Shell-Studie 2006 leitete. Denn dieser Lebensabschnitt habe sich in den letzten Jahren so schnell verändert wie nie zuvor. Man könne im Jugendalter prototypisch viele künftige Trends erkennen. Unsicherheit, Offenheit, Doppelbödigkeit, die Chance zur Individualisierung und natürlich aber auch der damit verbundene Druck, unverwechselbar zu sein, das seien z.B. charakteristische Erscheinungen der Jugend. Seine Forschung soll den Interessen von Kindern und Jugendlichen dienen: „Unsere Arbeit soll den Beforschten zugutekommen und helfen, der Gesellschaft ein sachliches, faires und realistisches Bild der Jugend zu vermitteln – entgegen der ganzen Vorurteile, die bestehen." Deswegen legt er zum Beispiel bei der Shell-Studie großen Wert darauf, dass sie für jedermann und nicht nur für ein wissenschaftliches Publikum zugänglich und verständlich sei.

Auch eine Studie über Alltagsstress bei Jugendlichen gehört zu seinen vielen Arbeiten.

Er selbst sei jedoch nicht gestresst. „Ich habe die Arbeit im Griff, nicht sie mich. Ich arbeite gerne und sehr strukturiert. Am Abend kann ich also gut abschalten." Der Tag beginnt für ihn allerdings schon um sechs Uhr. Dann macht er einen Morgenlauf und kommt so gegen sieben Uhr wieder zuhause an. Beim gemeinsamen Frühstück mit der Ehefrau wird besprochen, „was so anliegt". Danach geht es für ein paar Stunden an den heimischen Schreibtisch, wo „Konzentrationsarbeiten" erledigt werden. Um die Mittagszeit begibt sich Klaus Hurrelmann dann ins universitäre Chaos von Besprechungen, Lehrveranstaltungen und Sprechstunden. Feierabend sei dann zwischen 19 und 20 Uhr, „dann aber wirklich". Gelegentlich arbeite er auch sonntags, da sei es immer so schön ruhig. Für seine Frau sei das kein Problem, sie komme ja auch aus der Branche, da spreche man sich dann ab.

Seine Motivation sammelt sich Klaus Hurrelmann so zusammen, das sei jedoch „nicht immer ganz leicht". Jedoch sehe man zum Beispiel an den Arbeiten, die die Studierenden am Ende des Semesters einreichen, ob sie etwas von einem gelernt hätten und wie sie weiterkommen. Das seien „dann oft schon sehr positive Prozesse". Das andere seien die Publikationen und „ob sich jemand für das interessiert, was man den ganzen Tag macht, und das lesen möchte". Zudem seien die Reaktionen der Öffentlichkeit und der Presse Zeichen für ihn, dass seine Arbeit angenommen und rezipiert wird. Und bei Vorträgen achte er natürlich sehr auf das Publikum. Kritik sei ebenfalls an der Tagesordnung, aber „das muss ja so sein".

Und was macht Klaus Hurrelmann im Moment? „Jetzt gerade? Och, da sitze ich hier an meinem Schreibtisch in der Universität und überarbeite ein Handbuch für Sozialisationsforschung, das 1980 zum ersten Mal erschienen ist." Ein weiterer Punkt auf der Publikationsliste von Klaus Hurrelmann. Aber ab halb acht ist Feierabend. „Dann aber wirklich".

Lisa Rank

6. KULTURARBEIT

FREIZEIT ODER ARBEIT

Und überhaupt, na klar ist das Arbeit. Auch wenn's Spaß macht. Was glaubsten Du, was der da gerade macht? Der handelt grad ne Gage aus, für das Festival. Ja, Sven ist in einer Band, und die spielen da. Ja, ich weiß, dass gerade Samstag morgen um halb zwei ist, na und?

Freizeit oder Arbeit

Das da hinten, das ist übrigens Marius. Ja, genau, der an der Bar, mit der schwarzen Jacke. Ja, der sich mit Sven unterhält, stimmt. Was der so macht? Rum trinken, glaub ich. Achso, so insgesamt. Naja, der organisiert, der macht so ein Festival im Sommer gerade.

Arbeiten, meinst Du. Naja, das ist schon Arbeit. Sonst hat der gerade glaub ich ein Brettspiel entworfen, das geht jetzt in Produktion. Und nebenher übersetzt er ein bisschen, das weiß ich jetzt aber nicht genau. Aber das Festival, das... Was? Was der so macht den ganzen Tag? Ja, übersetzen halt, und sonst. Wie wir andern auch, ein bisschen rumtexten, rumorganisieren, rumschauen. Rum trinken. Sich rumtreiben. Sachen machen.

Wie, das ist keine Arbeit? Und was ist dann Deiner Meinung nach Arbeit? In Fabriken gehen und Fußbälle zusammennähen oder was? Stechuhren stanzen? Aber das ist doch inzwischen alles ausgelagert, nach Pakistan und Thailand und weiß ich nicht. Geld gibt's dafür auch keins mehr.

Und überhaupt, na klar ist das Arbeit. Auch wenn's Spaß macht. Was glaubsten Du, was der da gerade macht? Der handelt grad ne Gage aus, für das Festival. Ja, Sven ist in einer Band, und die spielen da. Ja, ich weiß, dass gerade Samstag morgen um halb zwei ist, na und?

Wie, Feierabend? Ja, glaubst Du denn, bloß weil jetzt Wochenende ist, gibt's nichts mehr zu tun? Und warum ist eine Bar kein geeigneter Arbeitsplatz? Ja klar kann man sich morgens im Büro treffen, aber wozu? Die verstehen sich doch gut, die beiden, lass sie doch...

Genau, ein bisschen wie ein Geschäftsessen. Bloß, dass es Spaß macht. Ja, nee, nicht immer. Klar ist das manchmal schwierig. Hast Du schon mal 'nen Antrag für Unterstützungsgelder geschrieben? Siehste. Probier's mal aus, das ist fast so lustig, wie „Wetten, dass..." zu kucken.

Ach, Paps.

Frédéric Valin

bodo needohl

Wie ich einmal im Senegal einen Reggaenighter veranstaltete

Schon mal was von der Casamance gehört? Hatte ich auch nicht, bis ein Freund dorthin auswanderte und sich in dem Fischerdorf im südwestlichen Senegal eine kleine runde Hütte baute – 100 Meter vom menschenleeren Atlantikstrand entfernt. Als ich ihn das erste Mal dort besuchte, lernte ich Peace & Love kennen, einen ganz normalen, netten Senegalesen Mitte 20. Er hat keine Ausbildung, kein Geld, keine soziale Absicherung – und im Gegensatz zu vielen seiner Altersgenossen kann er auch nicht musizieren und hat keine Beziehungen nach Europa.

In Anbetracht der beschränkten Karrierechancen hat P&L sich gegen das harte, mit einem Hungerlohn bedachte Fisch-Schleppen am Hafen und für das Rumhängen am Strand entschieden. Er ist ein „Bumster", also jemand, der Kontakt zu Weißen sucht, um von deren (aus Dritte-Welt-Perspektive) unermesslichen Reichtum möglichst dauerhaft zu profitieren. Dabei hilft ihm sein fließendes Englisch, das ihm im frankofonen Senegal die Möglichkeit eröffnet, auch Nicht-Franzosen anzuquatschen. Ich kann kein Wort Französisch, nur ein paar Brocken Wolof. Damit war ich also genau sein Mann: „ maan, leih mir Geld für ein Auto, dann kann ich einen Camion kaufen und Fisch in die Provinzhauptstadt transportieren. Oder bring mir deine Schwester mit, zum heiraten, auch gut!" Und das sind nur zwei seiner zahlreichen Pläne, Träume und Hoffnungen auf ein besseres Leben.

Da ich keine Schwester habe und auch nicht die Weltbank bin, beschloss ich, meine Entwicklungshilfe für Peace and Love auf die privatkurierdienstliche Übersendung von etwa 50 CDs und einen Discman durch einen Freund zu beschränken, die den Grundstein für die Verwirklichung eines seiner Träume legen sollten – eine DJ-Karriere. Das mag erstmal unrealistisch klingen, aber das Nachtleben des 5.000-Seelen-Dorfs ist nicht zu unterschätzen. Obwohl es nur an der Hauptstraße Strom aus der Dose gibt, ist immer was los. Es gibt eine

Menge Veranstaltungsorte in verschiedenen Preisklassen, von einer Weissen-Disco mit einer Reihe »Green Doors« im Obergeschoss bis zum Verschlag aus Palmenblättern mit Brettertanzfläche direkt am Strand, über die auch schon mal eine Krabbe läuft. »En pagaille de possibilité« für einen aufstrebenden DJ oder Veranstalter also, wie man dort zu sagen pflegt.

Als ich nach einem Jahr wieder zurück in der Casamance war, lag P&Ls DJ-Karriere allerdings noch »auf Eis«. Zwar hatte er die CDs und den Player erhalten, aber offenbar wusste er nicht so recht, wie er anfangen sollte. Also gab ich ihm den »Auftrag«, einen Reggae-Nighter zu organisieren – denn das war ja schließlich, was er wollte: mit Musik Geld verdienen. Für die Auslagen würde ich aufkommen.

Was also war zu tun? Der geeignete Laden musste gefunden werden, eine Anlage war zu besorgen, Getränke mussten organisiert und Werbung gemacht werden. Alles nicht so einfach irgendwo im Busch. Gelegenheit für P&L, sich zu bewähren.

Die folgenden Tage war P&L erstmal verschwunden, was für meine mitgebrachte »Jabar« (Erstfrau) und mich sehr erholsam war. Die Strandspaziergänge verliefen ungestört und ein Brandungsangeln-Experiment endete im Fischrausch. Wir holten uns Bananen und Ananas beim Nachbarn oder Sternfrüchte vom Baum, wenn die Affen was übrig ließen, und hingen in Hängematten. Wir besuchten die Busch-Sachsen, die bei den Baye-Falls wohnten, einer muslimischen Bruderschaft, die wie in einem Kloster mitten im Busch leben, nur ohne Kloster, dafür mit Mönchen mit Dreadlocks in bunten Gewändern, unverschleierten Frauen und allem, was Spaß macht, also ziemlich cool. Außerdem feierten wir den Abschied von Huub, der nach drei Monaten Afrika seinen Ausstand gab. An seinem letzten Abend drückte Huub einem Brotha von P&L, der unter einer fiesen, entstellenden Beule mitten im Gesicht litt, Geld für eine ärztliche Behandlung in die Hand. 25.000 CFA sollte die OP kosten – ein Vermögen für einen aus dem Dorf, nicht mal 40 Euro für einen Europäer. Huub half gern: »Man wird das Geld sowieso los, man muss nur schauen, dass es die Richtigen kriegen«.

Am Morgen des Beginns seiner neuen Karriere wirkte P&L sehr entspannt. Er hatte das »Caramala« gemietet, einen Rundbau aus

Stein mit einem Wellblechdach, und Bier auf Kommission inklusive Kühlung organisiert. Werbung hatte er auch fleißig gemacht, mündlich am Strand meist, da er wie gut drei Viertel der Senegalesen Analphabet ist. Seine Sistas und Brothas hatten versprochen, Einlass und Tresen zu machen, und er bekam die Anlage eines örtlichen DJs – drei alte Tapedecks, einen Mixer, eine Endstufe, ein Mikrofon – wobei er den DJ allerdings gleich mitbuchen musste. Woher die Boxen kamen, weiß ich nicht mehr. Für die ersten Auslagen hatte ich P&L 10.000 CFA in die Hand gedrückt, gut 15 Euro. Das Geld würde erstmal reichen, da war er sich sicher. Schließlich mussten bei einem Eintritt von 500 CFA nur eins, zwei, drei... jedenfalls gar nicht mal so viele Gäste kommen, um die Kosten wieder hereinzubekommen. Beim Durchrechnen sah ich keine Chance, kostendeckend oder gar mit einem Plus aus der Geschichte zu kommen. Aber darum ging es ja nicht.

Gegen Nachmittag kam P&L aufgeregt bei unserer Hütte an. Jetzt war er richtig im Stress, die Boutique hatte das Bier noch nicht geliefert und er hatte auch noch keinen Strom! Das Geld dafür brauchte er gleich »I need more money!« – »What happened to the money I gave you?« – »I had to pay the taxi to come to you and ask for more money«. Logisch. Also gab ich ihm nochmal 10.000 Flocken. Eine Fahrt mit einem senegalesischen Taxiwrack innerhalb des Dorfes kostet 1000 CFA, weil sie außerhalb der Buschtaxirouten und damit außerhalb von befestigten Straßen ist. Gepäck kann extra kosten. Dass P&L den Generator, den ihm nun der Nachbar vermietete, nicht so weit tragen konnte, war auch klar. Schließlich musste er anschließend auch noch Benzin kaufen, und zwar genug für die ganze Nacht, damit es nicht plötzlich dunkel würde ohne Sprit. Der DJ wollte transportiert werden, das Bier musste ins Caramala. Ich war schon beeindruckt, dass P&L das alles tatsächlich soweit organisiert hatte.

Tanzveranstaltungen beginnen spät in der Casamance. Die Leute gehen erst los, wenn der Mond aufgeht, denn ohne Mond ist es verdammt dunkel im Busch, und Straßenbeleuchtung gibt's maximal an der Hauptstraße. Weil ich neugierig war, machte ich mich recht früh mit einer Taschenlampe auf den Weg. Im Caramala war noch nicht viel los. Ein Franzose saß am Tresen. Das Bier war schon da, aber noch nicht kalt. Hinten im Garten unterhielten sich lautstark Fischer aus dem Nordsenegal und Gambia. Im Tanzraum schnüffelte ein Hund an einer Stelle, an der eben noch eine Frau gesessen hatte, und irgendwo zündete sich jemand einen Joint an.

Langsam füllte es sich. Die Musik leierte und hatte Aussetzer und das Licht flackerte, denn es gab Probleme mit dem Generator, aber daran arbeitete bereits ein Brotha mit einem Schraubenschlüssel. Auch ein fehlendes Kabel für den Discman war bald besorgt und P&L fing an, ein paar paar Reggaenummern zu spielen. Während er die CDs wechselte, machte er gekonnt Ansagen mit dem Mikrophon. Ich hatte den Eindruck, dass es Zufall war, welche Songs er spielte, und dabei die ganze Zeit auf der Suche nach der einen geliebten Bob-Marley-CD war. Das Publikum versuchte derweil, die lokalen Tanzbewegungen auf den ungewohnten Early Reggae-Sound abzustimmen. Das Wellblechdach sorgte für einen irren Sound. Dann gab der Billig-Discman den Geist auf. Die CDs rutschten beim Abspielen, setzten gelegentlich aus oder blieben hängen. Also ging ich los und besorgte einen anderen CD-Player. Als ich zurückkam, war es schon deutlich voller. Mittlerweile hingen vier Männer über dem Generator. Der Brotha an der Kasse hatte zu tun, die Sistas am Tresen auch. Der Franzose hatte sein drittes Gazelle-Bier am Hals, die Fischer packten sich gerade am Kragen und der Hund versuchte, mit der Schnauze unter den Rock der Frau zu kommen, die ihren Platz wieder eingenommen hatte. Auf der Tanzfläche stach uns ein tip-top gekleideter Typ ins Auge, der uns irgendwie bekannt vorkam: Es war der Brotha, dem Huub das Geld für die OP gegeben hatte. Er war in die Provinzhauptstadt gefahren, hatte sich dort aber offenbar nicht dazu durchringen können, einem Arzt das ganze schöne Geld in die Hand zu drücken. Stattdessen war er jetzt mit neuer Hose, neuem Hemd und neuen Schuhen die zweifellos bestangezogenste Beule des Dorfes.

Dann kackte der Strom ab. Schade, denn die Stimmung war bereits ganz anständig. Die Gäste warteten geduldig auf die weitere Entwicklung. Dem Franzosen schmeckte bei Kerzenschein auch das mittlerweile nur noch halbwarme Bier, die Frau erwehrte sich des

Hundes mit gezielten Hieben auf die Nase und die inzwischen heftig erregten Fischer spielten die halt-mich-fest-oder…-Nummer. Der Rest war noch mit ausschweifenden Begrüßungszeremonien beschäftigt. Von irgendwoher tauchte plötzlich ein neuer Generator auf und die Leute fingen sofort wieder an zu tanzen.

Dann ging alles ziemlich schnell. An mir vorbei flitzten zwei Schatten in den Tanzraum herein, drehten eine unfreiwillige Runde und rasten durch den hinteren zweiten Eingang wieder hinaus in den Tresenraum. Dann lautes Krachen, Scheppern, Klirren, Gejohle und Schreie. Die Musik brach ab. Innerhalb von Sekunden war der Boden voller Scherben und Blut, Barhocker lagen herum. Hinter dem Tresen in der Gefriertruhe lag ein Mann mit einem Kreuz wie ein Doppelmörder auf einem anderen und polierte ihm die Fresse. Peace & Love, der bis dato seinem Namen alle Ehre gemacht hatte, stürzte einen Barhocker schwingend auf die Kämpfenden zu, doch die Tresensistas fielen ihm in den Arm. In der Mitte des Raumes stand der Franzose und blutete stark aus der Hand. Der Spuk war aber ebenso schnell vorbei, wie er begonnen hatte. Der eine Teil der Fischer flüchtete über die Mauer hinten im Garten. Der Franzose wurde verbunden, jemand stellte die Hocker auf und die Sistas beseitigten die Scherben. P&L beruhigte sich. Das Problem war nun: Die Polizei konnte jeden Augenblick hier sein und das Caramala hatte keine Lizenz, wie sich jetzt herausstellte. Also wurde die Tür verrammelt und die Lautstärke gedrosselt. Einige Gäste gingen. Die, die blieben, machten das Beste draus. Der Mond schien hell – normalerweise wäre jetzt genau die Zeit gewesen, in der das meiste Publikum eingetroffen wäre. Mist. P&L war erst sauer, dann enttäuscht und dann verlegen. Nach der Abrechnung fehlten weitere 15.000 CFA. Der Spaß hatte mich also gut 50 Euro gekostet. Dafür hatte ich dem Dorf eine Party geschenkt, was so auch völlig in Ordnung war. Vielleicht mach ich das eines Tages sogar wieder, dann bitte ohne Fischer auf Aggro. Natürlich hätte ich das Geld auch auf Ebay loswerden können. Aber das hätte sicher nicht halb so viel Spaß gemacht.

Die Galerie am Körper

Sei dein eigener Galerist

Die Idee zu diesem Projekt bestand zunächst darin, eine Ausstellung am eigenen Körper zu präsentieren – eine Ausstellung, die keinen Galeristen braucht und zugleich ein ständig wechselndes Publikum erreicht. Diese sollte nicht, wie eine klassische Ausstellung oder Street Art an einen bestimmten Ort gebunden sein, sondern auch als „laufende" Ausstellung, die jemand mit sich herumträgt, „laufend" das Publikum wechseln können.

Dann kam eine weitere Idee hinzu: Buttons. Buttons findet man überall, an Klamotten, auf der Straße, in Zeitungen. Auf einer solchen Scheibe mit einem Durchmesser von 25mm kann man nahezu alles unterbringen: Ausschnitte von Fotos, Zeitungsausschnitte, Schrift, Bilder, Persönliches und Populäres.

Mit den ersten „Geschichtsschreibern", die alltägliche Erlebnisse an Höhlenwände malten, wurde die Bildergeschichte geboren. Sie beschreibt ein Geschehen ohne auf Sprache angewiesen zu sein.

GALERIE AM KÖRPER
Ausstellung - Installation / Foto -
Max Upravitelev, Leipzig
Tilman Loos, Johannes Herbst

In diesem Projekt ging es darum, dieses Format der Erzählung auf Buttons unterzubringen und damit z.B. auf der Kleidung eine eigene Geschichte entwickeln zu können. Auf jeweils einem Button wurden, wegen des Bezugs auf das 100.000-Euro-Job-Projekt, Arbeiter und bestimmte Berufsbilder abgebildet. Z.b. Ärzte, Politiker, Straßenkehrer oder Taxifahrer. Hinzu kamen ein Teil ihrer Werkzeuge, aber auch Landschaften und Wetterlagen. Insgesamt sind so 40 unterschiedliche Buttonmotive entstanden, die in Leipzig präsentiert wurden. Die Veranstaltung war voller Buttons: die Wände, die Bar und das Publikum, das mit den Buttons am Körper herumlief.

Zudem haben wir einen Buttongenerator programmiert, der nach dem Spielautomaten-Prinzip funktionierte. Im Display wurden zufällig ausgewählte Buttons angezeigt, anhand derer das Publikum Geschichten erzählte, was auch wirklich funktionierte.

Die Gestaltung der Motive war keine Handarbeit im traditionellen Sinne. Die meiste Zeit arbeitete ich am Computer, um die Motive zu entwerfen.

DAS SUPATOPCHECKERBUNNY MEINT:

Galerie am Körper – warum nicht?! Bilder kann man schließlich überall aufhängen oder anpinnen, und wer Buttons nicht schön findet, der MUSS sie ja nicht tragen! Er kann ja stattdessen einen Schlips tragen oder eine Perlenkette. Jedem das Seine, sage ich immer!

Johnny Haeusler

1984 – Das ist Punk, das kannst Du auch

„Wieso schreibst du nicht mal wieder was aus der Zeit mit der Band? Haste lange nicht gemacht!", meinte er.

Stimmt eigentlich, dachte ich. Wieso schreibe ich nicht mal wieder was aus der Zeit mit der Band? Hab' ich lange nicht gemacht!

Gegen Ende 1983 hatte sich meine erste Band „System" aufgelöst, die neue Kombo namens „Plan B" war am Start. Die erste Halle, die sich traute uns auftreten zu lassen, war das Berliner LOFT, damals noch unter der Leitung von Monika Döring, die uns irgendwie mochte ohne uns vorher gehört zu haben. Noch während wir die ersten Songs probten, bekam ich Anfang 1984 Wind davon, dass The Clash im Rahmen ihrer aktuellen Tour am 19. Februar 1984 ein einziges Konzert in Deutschland spielen würden, in der Düsseldorfer Philipshalle nämlich. Ausverkauft, Wochen vorher. 5.000 Leute? 6.000? Egal, ich musste nach Düsseldorf, ich musste sie zum dritten Mal sehen. Zumal es darum ging, die neue Besetzung zu erleben, die, wie sich später herausstellen sollte, die letzte und unrühmlichste werden sollte.

Während ich begann mich ans Telefon zu hängen (es gab noch kein Internet ... bin mir nicht einmal sicher, ob man schon Tastentelefon hatte ... war es überhaupt ein Telefon? Vielleicht habe ich doch noch getrommelt.

Um Karten zu organisieren, kam mir eine grandiose Idee, um Geld zu sparen: Wir würden unseren zweiten Gig überhaupt als Vorgruppe von The Clash spielen. Dann bräuchten wir auch keinen Eintritt zu zahlen.

Man muss bei dieser Geschichte zwei Dinge im Kopf behalten:

Erstens, dass The Clash trotz der Trennung von Mick Jones eine ziemlich erfolgreiche Band geworden war, die Platin in den USA machte, mit großen Tournee-Veranstaltern arbeitete und in für Punkrock-Verhältnisse ziemlich großen Hallen spielte. Eine Band also, die Mitte der Achtziger ebenso unerreichbar schien wie die

Bands der Siebziger, gegen die sie sich anfangs aufgelehnt hatte. Und zweitens, dass mir das alles schnuppe war. The Clash waren die wichtigste Band der Welt für mich und ich war 19 Jahre alt, und es gab nichts, was ich nicht erreichen konnte, wenn ich es nur wollte. Und ich wollte. Ich wollte mit Plan B als Support für The Clash in Düsseldorf spielen. Mit acht halbfertigen Songs, wenn ich mich richtig erinnere.

Also nahm ich mir etwa zwei Wochen vor dem Clash-Gig in Düsseldorf die Tournee-Daten aus einer englischen Musikzeitung vor und sah nach, in welcher Stadt, in welchem Land sich die Band zur Zeit aufhielt. Das Konzept einer Tournee-Organisation war mir zu diesem Zeitpunkt nur ansatzweise bekannt, ich wusste jedoch, dass die Band immer (wirklich immer?) mit einem persönlichen Manager und Pressesprecher namens „Kosmo Vinyl" unterwegs war und ich wusste, dass es zwecklos sein würde, die Band persönlich zu erreichen. Als einzige Person also, die mir außer den Bandmitgliedern „bekannt" war, würde Kosmo Vinyl diejenige sein, die ich zu erreichen gedachte.

Aber wie? Und wo? In einem Hotel, natürlich, einem recht großen. In der Stadt, in der sie am gleichen Tag spielen würden, ist doch klar. Also am ersten Tag meiner Recherche (und auch an den folgenden) noch irgendwo in Großbritannien.

Nun ist es eine Sache, wenn sich ein kaltschnäuziger, naiver 19-Jähriger ans Telefon klemmt und davon überzeugt ist, dass sein Englisch ausreichen würde, um einen Support-Gig während einer laufenden Tournee klarzumachen. Eine ganz andere Sache ist es, wenn diese Tournee durch Irland oder Schottland führt und die Telefonisten der großen Hotels dieser Städte eine ganz eigene Vorstellung von der englischen Sprache haben, die von meinem Schul- und Punkrock-Englisch

Foto: Christian Heller

nicht unerheblich abwich. Es war leicht, die fünf größten Hotels in den Städten auszumachen. Es war aber fast unmöglich, die Leute in diesen Hotels zu verstehen. Ich wusste in vielen Fällen einfach nicht, ob die Band nicht im betreffenden Hotel abgestiegen war, ob man sie verleugnete, ob mich keiner verstand oder ob ich die Sätze in der Leitung falsch interpretierte. Und ich hatte vor allem nach einigen Tagen der Recherche keinen Schimmer, wie hoch meine Telefonrechnung ausfallen würde.

Meine Band lachte mich mittlerweile aus. So geht das nicht. Das klappt nie. Lass es sein.

Dann, nach vielen frustrierenden Telefonaten, zwei Tage vor dem Düsseldorfer Konzert, am 17. Februar des Jahres 1984, wähle ich die Nummer eines Hotels in Schweden, denn Stockholm steht auf dem Tourplan. Super: Das Englisch der Rezeptionistin ist genauso schlecht wie meins und ich spule den mittlerweile gut trainierten Satz mit einer Betonung ab, der bei meinem Gegenüber keinen Zweifel daran aufkommen lassen kann, dass die Band und ich dickste Freunde sind und mich der Anruf mehr Zeit kostet, als ich mir eigentlich erlauben kann:

„Hi, can I speak to Mr. Kosmo Vinyl, please? He's with a band from England called The Clash and he's staying in your hotel."

„Sure, just a second."

Leider schmilzt in diesem Moment mein Telefonhörer (mit Spiralkabel, es gab nämlich noch keine … ach, egal). Zumindest fühlt es sich so an. Tatsächlich ist es aber nur literweise Schweiß, der urplötzlich und ohne Vorwarnung an meinem gesamten Körper einschließlich meiner Hände entlangrinnt. Meine Muskeln haben zudem in einem spontanen Akt des Aufstands beschlossen, sich nie wieder dem Terror-Regime meines Hirns zu unterwerfen und verdammt nochmal, ich war schon sehr, sehr lange nicht mehr auf der Toilette!

Was soll das? Als Nächstes steht „Okay, thanks anyway, have a nice day!" im Drehbuch, so, wie ich es die ganzen Tage vorher auch gesagt hatte. Auf „Sure, just a second" bin ich nicht vorbereitet!

„Hey", tönt es grimmig aus meinem Hörer.

Er hat schlechte Laune, ich rufe lieber später nochmal an. Nein, er ist es überhaupt gar nicht. Es ist ein anderer, diesmal männlicher Telefonist, der mir sagen wird, dass Mr. Kosmo Vinyl who is with a band from England called The Clash gar nicht in our hotel abgestiegen ist. Und was macht dieser Kloß in meinem Hals?

„Am I talking to Kosmo Vinyl of The Clash?" – „Yes, you are."

Jetzt ist es eh vorbei, er ist komplett genervt, ich höre sowas, drei Worte genügen mir und meinem Kloß und meinen hirnbefreiten Muskeln und ich habe auch schon drei Kilo abgenommen.

„Hi. Äh. Also. We are a band from Berlin we are called Plan B we like The Clash very much we wanted to ask if you have a support band for the concert in Düsseldorf or not we wanted to know if maybe it is possible to play before The Clash we could come to Düsseldorf we don't need money we like The Clash."

Stille.

Aber er ist noch dran. Und er hat noch nicht gelacht. Er sagt: „How do I fucking know that you're not a fucking heavy metal band with fucking Flying V guitars?"

Berechtigte Frage. Nicht wirklich freundlich vorgetragen, aber ich beschließe, mich nicht mit Stilfragen aufzuhalten. Das Problem ist nur, dass ich mir keine Antwort auf eine solche Frage zurechtgelegt habe.

Dann macht es „klick".

Nicht am Telefon, sondern in meinem Kopf: Der Mann ist Punkrocker! Das ist seine Art, freundlich zu sein! Ich beschließe, alles auf eine Karte zu setzen und mit gleichartiger Freundlichkeit zu antworten.

„I would hardly call you in Stockholm and ask you to let us support The Clash if we were a fucking heavy metal band with fucking Flying V guitars", antworte ich mit zitternder Stimme und überrascht darüber, woher ich das Wort „hardly" plötzlich habe. Und füge noch schnell ein „wouldn't I?" hinzu; noch heute ganz oben auf der Liste meiner persönlichen Sprachtriumphe.

Er seufzt.

„Tell you what, we actually haven't got a support on this tour, so here's what we can do. You'll be there at six with your own amps and drums. Bring a tape so I can listen to it. If I like it, you can play."

„Good!", sage ich, noch heute ganz oben auf der Liste meiner persönlichen Sprachniederlagen.

Das war's also. Ich hatte es geschafft. Wir würden als Vorgruppe für The Clash spielen, alle Clash-Fans würden uns lieben, wir würden goldene Schallplatten bekommen und berühmt werden. Nur, dass wir gar keine Platten oder auch nur Demo-Tapes hatten, sondern nur eine furchtbare Kassettenrekorder-Aufnahme aus dem Übungsraum. Und, dass ich meiner Band unmöglich sagen konnte, dass wir auf Verdacht nach Düsseldorf fahren würden, um vielleicht The Clash zu supporten.

Also beschloss ich zu lügen. Ich sagte der Band, dass der Gig klargeht und die Band war von den Socken. Und recht motiviert, um es mal vorsichtig auszudrücken. Einer kannte einen mit einem Kleinbus für das Equipment, Papa borgte mir seinen Wagen für weitere Mitreisende. Und so machten wir uns zwei Tage nach meinem Telefonat mit Herrn Vinyl gleich morgens auf nach Düsseldorf. Man wusste ja nie, wie lange man an der Grenze warten musste. Damals gab's nämlich noch die Grenze und übrigens auch kein Internet ...

Die Düsseldorfer Philipshalle fasste etwa 1 Million Menschen. Dachte ich, als ich sie am Nachmittag des 19. Februar 1984 zum ersten Mal in meinem Leben betrat. Natürlich war ich vorher schon in großen Hallen gewesen, um große Bands zu sehen, aber noch nie in einer leeren großen Halle. Und noch nie in einer leeren großen Halle, auf deren Bühne gerade The Clash standen und ihren Soundcheck machten.

Unsere Entourage bestand nicht nur aus der Band; etwa acht oder zehn Freundinnen und Freunde waren mit uns nach Düsseldorf gekommen, um der Sensation beizuwohnen. Nicht nur die Band sondern auch sie würden also auf mich eindreschen, wenn etwas schiefgehen sollte, ich fühlte mich dementsprechend wohl in meiner Haut. Die neuen Clash-Mitglieder kannte ich von einigen wenigen Fotos, doch neben ihnen auf der Bühne standen Joe Strummer und Paul Simenon, die ich von einigen tausend Fotos kannte. Wir, die Band plus Freunde, standen inmitten der Halle, vielleicht 10 Meter vor der Bühne. Und ich hoffte.

Ich hoffte, dass mich diese Typen, deren Arbeit für mich in den vergangenen Jahren so wertvoll und wichtig geworden war und die einen Einfluss auf mein junges Leben hatten, den sich meine Schule nur erträumen konnte, nicht enttäuschen würden. Damit meinte ich nicht in erster Linie, dass sie uns spielen lassen sollten. Es ging um mehr. Es ging um die Frage ob Punk, genauer gesagt der Punk, der von The Clash propagiert wurde, echt war. Ob sie wirklich „anders" waren als die anderen Bands. Ob man mit ihnen reden konnte oder ob sie arrogante Arschlöcher waren. Ich war jung, aber nicht völlig bescheuert, ich erwartete weder den Heiland noch bessere Menschen noch das offizielle Weltrettungskommando. Aber ich erwartete coole Typen. Ich hoffte auf coole Typen.

Irgendjemand führte uns hinter die Bühne in einen Backstage-Raum [der Backstage-Raum: Mythos und Legende. Hort endloser Gelage und Orgien, Ziel aller Hardcore-Fans und Groupies. Sagt man. „Is' aber nur ganz normaler Quatsch" (© Toni Mahoni. Backstage-Räume kleiner Auftrittsorte kann man sich wie ein seit vielen Jahren nicht benutztes Klo oder eine Abstellkammer vorstellen. Und das sind dann die besseren. Backstage-Räume der großen Hallen wiederum sind nichts anderes als Sport-Umkleidekabinen, was Sinn macht, da viele große Hallen in ihrem normalen Leben Sporthallen sind. Und dann gibt es noch die Backstage-Räume von Open-Air-Festivals, das sind dann Wohnwagen...] Nervös liefen wir in unserer Umkleidekabine auf und ab, planten die Setlist, machten nervöse Scherze. Dann die Frage, die ich gar nicht gebrauchen konnte: „Was passiert'n jetzt?"

Bevor ich mit den Achseln zucken konnte, erschien jemand, der aussah, als würde er bei The Clash spielen. Kosmo. Er fragte nach mir, wir begrüßten uns. Ob ich das Tape dabei hätte. Ich gab ihm unsere beschissene Übungsraumaufnahme und langsam regten sich erste Zweifel bei den anderen Jungs. Was das jetzt sollte. Ich erklärte es ihnen. Ist doch klar, dass die nochmal was von uns hören wollen, argumentierte ich. „Aber doch nicht von diesem oberschlechten Tape!", fanden die anderen. Doch. Wir hatten kein anderes.

Wir mussten keine fünf Minuten warten, bis Kosmo wieder bei uns erschien. Er hatte sich unmöglich in dieser kurzen Zeit einen

Eindruck verschaffen können und mir war klar, dass wir wieder einpacken mussten.

„You will be on stage exactly at eight. You have 30 minutes, no encores. Now relax, get a beer and enjoy yourself !“

Hätte es die Becker-Faust schon gegeben (aber es gab sie nicht, es gab übrigens auch kein Internet) hätten wir sie garantiert alle in diesem Moment praktiziert. Stattdessen freuten wir uns wie ganz normale Menschen, fielen uns um den Hals, lachten, jubelten. Wir alle waren uns der gleichzeitigen Absurdität und Grandiosität der Aktion bewusst: Eine völlig unbekannte Berliner Band spielt ihren zweiten Gig als Vorgruppe von The Clash. Und warum? Weil sie gefragt hat!

Wer es nicht weiß: So etwas gibt es eigentlich nicht. Abgesehen davon, dass der Großteil bekannterer Bands die Entscheidung über ihren Support dem Label oder dem Tourveranstalter überlässt, ist es die Regel, dass Vorgruppen für ihren Platz bei einem größeren Konzert oder gar einer ganzen Tour Geld bezahlen. Das ist nicht immer so fies, wie es jetzt klingt und hat nicht allein mit der Tatsache zu tun, dass die Vorgruppe durch ihren Auftritt einen Marketing-Effekt erwarten kann, der auf dem Bekanntheitsgrad des Haupt-Acts beruht. Eine Vorgruppe verursacht tatsächliche Mehrkosten, Techniker müssen extra arbeiten, zusätzliche Einstellungen an Ton- und Lichtpulten müssen vorgenommen werden, die Bühne ein weiteres Mal umgebaut werden. Diese Mehrkosten werden meist an die Vorgruppen weitergegeben und so passiert es schnell, dass eine Vorband bzw. deren Label für eine 20-Städte-Tournee als Support für eine größere Kapelle mal eben fünfstellige Summen auf den Tisch packen muss. Normal. Ausnahmen bestätigen die Regel.

Nachdem The Clash mit ihrem Soundcheck fertig waren, durften wir unsere Amps und Drums aufbauen und ebenfalls einen kurzen Soundcheck machen (auch das für eine Vorband eher ungewöhnlich). Die Crew war nett und hilfsbereit und wir entspannten tatsächlich ein wenig.

Um Punkt acht Uhr standen wir, nervös wie Sau und mit unseren Gitarren bewaffnet, am Bühnenrand. In der Düsseldorfer Philipshalle ging das Licht aus und ohrenbetäubendes Gejohle vom

Publikum setzte ein. In diesem Moment hatte ich zum ersten Mal den Eindruck, dass ich eine extrem beschissene Idee gehabt hatte. Denn ich hatte in meiner Euphorie eine nicht unwichtige Tatsache außer Acht gelassen: Niemand im Publikum wusste, dass wir spielen würden. Noch schlimmer: Niemand im Publikum wusste, dass überhaupt eine Vorgruppe spielen würde. Die Leute erwarteten mit dem Erlöschen der Saalbeleuchtung nur eines: The Clash.

Stattdessen staksten ein paar dürre Teenager auf die Bühne. Als würde es irgendetwas bedeuten rief ich „Wir sind Plan B aus Berlin!" ins Mikro („Hello Düsseldorf, it's good to be back" habe ich mich nicht getraut) und wir stolperten in den ersten Song, um keine Zeit für negative Reaktionen zu lassen.

Ich weiß nicht mehr, wie wir waren. Ich schätze, wir waren eher schlecht, genossen aber eine Art Welpenschutz. Buh-Rufe hielten sich ebenso im Rahmen wie Applaus, die Stimmung war eher eine resigniert abwartende, die Zeit für einen weiteren Gang zur Theke bot (damals gab es noch echtes Bier in den großen Hallen, aber kein Internet). Auf dem einzigen mir bekannten, von einem Freund im Publikum aufgenommenen Mitschnitt unseres Gigs, den ich entsetzlicherweise nicht mehr finden kann, hört man mehr von den zahlreichen Sarajevo-Rufen als von unseren Songs. Ich erinnere mich daran, dass ich irgendwann irgendwelche Statements gegen Helmut Kohl ins Mikro rief (Hey: Punk!) und dass das niemanden interessierte. Ich erinnere mich daran, wie merkwürdig es sich anfühlte, die anderen Jungs so weit weg von mir spielen zu sehen, die Bühne kam mir unglaublich groß vor. Ich erinnere mich außerdem daran, wie schnell die Angst vor dieser großen Halle verschwunden war, denn man konnte während des Gigs von der Bühne aus sowieso nur die ersten paar Reihen sehen, danach erschien alles schwarz. Und ich erinnere mich an meinen zufälligen Blick zum Bühnenrand nach dem zweiten oder dritten Song. Da standen sie. Joe und Paul. Guckten sich die Vorband an, zuckten ein bisschen mit den Beinen mit. Ich war stolz wie Oskar.

Der Clash-Gig selbst passierte in einer Wolke, zu beeindruckt waren wir vom ganzen Ereignis und außerdem mussten wir uns noch um Schlafplätze kümmern. Fritz, unser Basser, kam aus Dortmund

und kannte sich in der Ecke aus, hatte also ein paar Kontakte und irgendwie landeten wir später in der Nacht in den Wohnungen der Fehlfarben und von Xao Seffcheque. Vorher jedoch, noch in der Halle, ging es nach dem Clash-Gig natürlich darum, die Band zu treffen. Vorher stand zu viel Nervosität im Raum, doch jetzt wollte ich es mir nicht nehmen lassen, Strummer wenigstens mal die Hand zu schütteln. Mich zu bedanken. Ihn zu fragen, wie er uns fand.

Kosmo kam in unseren Backstage-Raum, als wir gerade unsere Klamotten packten. Er bedankte sich bei uns (!), holte 300 DM aus der Tasche (damals gab es noch keinen Euro und kein Internet und man fuhr noch in von Hühnern gezogenen Kutschen über die schlammbedeckten Straßen) und drückte sie mir in die Hand. Ob das in etwa unsere Spritkosten decken würde, fragte er. Na klar, tat es, aber es sei nicht nötig und blah blah blah, aber er bestand darauf. Was für ein korrekter Typ. Ich war beeindruckt. „Wanna meet the band?".

Und so standen wir wie bestellt und nicht abgeholt im Backstage-Raum von The Clash, die sich angeregt mit Fans unterhielten, die es hierhin geschafft hatten. Die Legenden um die Fan-Nähe der Band waren also kein Blödsinn. Strummer diskutierte mit jungen Mädchen über deren Situation an ihrer Schule (kein Witz – der Mann hatte, wie ich bei späteren Treffen noch weiter feststellen konnte, ein unstillbares und ehrliches Interesse an anderen Menschen) und langsam wurden wir in die Gespräche mit einbezogen. Clara Drechsler war auch da, quatschte mir ein Ohr ab (und ich ihr), wie toll das alles wäre und wie super und dass sie unbedingt etwas über uns schreiben müsse. Was sie natürlich nie tat, die blöde Kuh. Und ihr Clash-Artikel war auch scheiße.

Irgendwann verzog sich Strummer zum Einpacken und ich sah meine Chance für ein Hallo unter vier Augen gekommen. Ich bedankte mich, wir plauderten. Wie ihm die Band gefallen hat, wollte ich wissen. Seine Antwort war kurz:

„You're a good leader. But you need to work hard."

Du kannst das, aber du musst noch üben. Nicht die Antwort, die ich erwartet hatte. Keine Antwort, die ich erhofft hatte. Vielleicht sogar eine Antwort, die er einfach nur so dahingesagt hat, aber eine wichtige Antwort für mich und die weitere Geschichte meiner Band, die es in den folgenden Jahren zwar nie zu wirklich massiven Erfolgen oder gar Geld bringen sollte, die aber immerhin um die halbe Welt tourte und eine Menge Spaß und den ein oder anderen guten Song hatte.

Mir ist bewusst, wie albern und lächerlich dieser ganze Kram für einige klingen mag. Ich war trotz meines jungen Alters damals (wie heute) kein Mensch, der „Führer" suchte, aber ich suchte (und fand) Künstler, die nicht mit einer Tarnkappe herumliefen und deren Texten ich trauen konnte. Ich kann meine Bewunderung für eine Band und für Joe Strummer insbesondere nur deswegen ohne Furcht vor Peinlichkeit äußern, weil sie nie peinlich war.

Es gibt viele Bands und noch mehr Fans, die diese Bands verehren und lieben, die ihnen auf Schritt und Tritt folgen, die ihnen an den Lippen hängen, jedes Interview, jedes Foto von ihnen kennen. Solch ein Fan war ich nie, denn die meisten dieser Bands bestätigen bewusst oder unbewusst die soziale und gesellschaftliche Position ihrer Fans als eben genau das: Fans. Anhänger. Käufer. Konsumenten. Ich, Band: hier. Du, Fan: da. Der frühe Punkrock und somit nicht nur, aber allen voran The Clash haben bewiesen, dass es auch anders geht, dass Kunst nach wie vor Inspiration und Motivation für den Einzelnen sein kann, um eben mehr als nur der ewige Rezipient zu sein. Sie haben bewiesen, dass es möglich ist, selbst zum Produzenten zu werden, und das ist einer der Gründe, warum ich Bloggen für eine Fortführung der Fanzine-Tradition halte, eine Art von Punk mit anderen, moderneren Mitteln (damals gab es nämlich noch gar kein Inter... egal). Viele Leute, die irgendwann beginnen Blogs zu lesen, fangen recht schnell selbst mit dem Schreiben an.

Das ist Punk: Das kannst du auch.

Jörn Morisse

Wovon lebst Du eigentlich?

Irgendwo in einer Kiez-Kneipe in Hamburg zu später Stunde. Die Bar ist brechend voll, überall euphorisierte, aufgedrehte Menschen. Heute ist die Tour einer deutschen Rockband mit einem ausverkauften Konzert in ihrer Heimatstadt zu Ende gegangen. Das muss gefeiert werden. Die Tour war ein Erfolg, ein Erfolg für jedes einzelne Mitglied. Man kann ihren Gesichtern ansehen, dass sie stolz sind, die Tour überlebt zu haben, dass sie das Gefühl haben, mit ihrer Musik wahrgenommen zu werden. Irgendwann vor Jahren haben sie sich dazu entschlossen, das Risiko einzugehen, voll und ganz für und von der Musik zu leben. Alles auf die Band gesetzt, ihr Studium auf Eis gelegt, einer „vernünftigen" Ausbildung eine Absage erteilt, um sich voll und ganz einer vagen Hoffnung zu widmen, von der niemand genau sagen konnte, ob sich daraus eine finanzielle Lebensgrundlage ergeben könnte. Und genau so funktioniert es natürlich, oft aber auch nicht. Eine Unwägbarkeit, der jeder Einzelne ausgesetzt war: Reichen die Ideen, spielt das Umfeld mit? Wie kann ich meine Miete, meine Lebenshaltungskosten bezahlen, falls es einmal nicht mehr so gut läuft? Und wohlmeinende Freunde oder die Eltern sind sich nie zu schade für den Ratschlag, „Mach doch was Richtiges!" Aber wohin mit der Energie, wenn dein Wille und dein Herz unbedingt dafür votieren, es doch zu versuchen, alle Kraft in einen Film, ein Buch, einen Song zu stecken und man sich später dafür hassen würde, es nicht verantworten könnte, es nicht wenigstens versucht zu haben. Wenn man sich dafür entscheidet, sich einem unkalkulierbaren Risiko auszusetzen, nicht den Weg des geringsten Widerstandes zu gehen, muss man mitunter jahrelang in Vorleistung gehen. Da muss man dann durch.

An diesem Abend voller Glück wird aber auch deutlich, dass selbst in Momenten, wo man sagen könnte, dass sich der Aufwand vielleicht gelohnt hätte, die Menschen im Inneren des Orkans stark beansprucht werden. Fragt man den Gitarristen, ob er froh ist, dass die Tour vorbei ist, dass alles so gekommen ist, antwortet er mit düsterer Miene: „Ich bin mir nicht sicher. Die ganzen drei Wochen in diesem Tourbus habe ich mich auf diesen Abend gefreut, ich bin auch eigentlich glücklich, dass alles so gekommen ist, aber trotzdem ist es eher schwierig für mich, drei Wochen lang keine Privatsphäre zu haben. Es ist gleichzeitig seelische Anstrengung und Erfüllung jeden Abend auf der Bühne zu stehen. Einerseits, andererseits. Schon am ersten Tag der Tour habe ich mich darauf gefreut, wieder nach Hause zu kommen. Doch wenn ich jetzt daran denke, was mich in meiner kalten Wohnung erwartet, will ich am liebsten immer nur weitermachen, weiterfahren, weiterspielen. Ich weiß, ich brauche vielleicht zwei Tage, um wieder anzukommen. Aber ankommen wofür? Wo? Nächste Woche geht schon die nächste Tour mit einer anderen Band los und ich weiß nicht, ob ich das wirklich gut finde. Zwar habe ich mir diesen Lebensstil selbst ausgesucht, aber im Moment fühle ich vor allem die Wurzellosigkeit, die das Leben auf Tour mit sich bringt."

Von den Ängsten, aber auch der Euphorie hinter den Kulissen erfährt die Öffentlichkeit in der Regel recht wenig. Normalerweise weiß man kaum, unter welchen Bedingungen ein Album, ein Bild, ein Bühnenstück entstanden ist.

Diese auffällige Diskrepanz brachte Rasmus Engler und mich auf die Idee, 20 freiberufliche Kulturschaffende, u. a. die Rockgruppe Sport, den Schriftsteller Bernd Cailloux, den Übersetzer Harry Rowohlt, die Künstlerin Moki, den Musiker Ted Gaier, die Fotografin Leonore Mau zu befragen, unter welchen Bedingungen heutzutage Kunst produziert wird – speziell im Segment der nicht arrivierten und außerhalb staatlicher Institutionen und Fördermaßnahmen stattfindenden Kulturproduktion. Wir wollten wissen: Welche Nebenökonomie ermöglicht dem Kunstschaffenden seine künstlerische Freiheit? Wie steht es um Versicherung, Familienplanung und Urlaub, wenn sich Leben, Kunst und Arbeit vereinigen? Und was verdient man eigentlich so als Schriftsteller?

Künstler sind in der Regel arm, das war schon vor 100 Jahren so.

Was dabei deutlich wurde: Künstler, freiberuflich tätige Kulturschaffende, wie immer man sie nennen will, sind immer auch

Unternehmer in eigener Sache. Den gleichen Stellenwert wie das Werk selbst hat die Abwägung, wie viel Arbeit man investiert, wie hoch die Studiokosten sind, die Büromiete oder ob vielleicht durch Medikamentenversuche, Callcenter-Jobs ein Teil dazuverdient werden müsste.

„Künstler sind in der Regel arm", so der Kunsthistoriker Christian Saehrendt „das war schon vor 100 Jahren so. Dessen ungeachtet ist der Beruf des Künstlers seit den 1980er und 1990er Jahren der Traumberuf vieler junger Leute. Die Zahl der Beschäftigten im deutschen Kunst- und Kulturbereich ist in den letzten Jahren um 30 Prozent gestiegen." Ihr Einkommen allerdings nicht. Dass es bei bescheidenen Verdienstaussichten ständig mehr werden, beweisen die Zahlen der Künstlersozialkasse (KSK), in der sich freiberufliche Künstler und Publizisten mittels staatlicher Zuschüsse günstig kranken- und rentenversichern können. 2006 waren über 154.000 Deutsche in der KSK gemeldet, mehr als dreimal so viele wie noch Anfang der neunziger Jahre. Durchschnittlich verdient der typische freie Kulturschaffende 10.814 Euro im Jahr, der Berufsanfänger 7751 Euro. Die Lebenswirklichkeit hinter diesen Zahlen bleibt zumeist ausgeblendet. Dabei besteht darin die eigentliche lebenstaktische Kunst hinter der Kunst: die eigenen Produktions- und Existenzbedingungen wirtschaftlich so auszubalancieren und über Brotjobs und Nebeneinkünfte so quer zu subventionieren, dass daraus eine selbsttragende und nachhaltige Angelegenheit wird. Die meisten Kulturschaffenden müssen für ihre künstlerischen Aktivitäten hohe finanzielle Risiken und ein Leben in unsicheren Verhältnissen in Kauf nehmen. Wir wollten die Überlebensstrategien von freiberuflichen Künstlern mit Geschichten aus dem wahren Leben belegen. Neben finanziellen Balanceakten interessierte uns dabei auch die innere Zerrissenheit, der sich ein Künstler in prekären Zeiten aussetzt. Wir fragen nach Euphorie, Ängsten und eventuell neu entdeckten Qualitäten, die entstehen, wenn man sich entschließt, für und von seiner Kunst zu leben. Denn so wichtig der ökonomische Balanceakt ist, bleibt

Eine kreative Arbeit ist kein Job, der getan werden muss und getrennt ist vom restlichen Leben.

er stets Mittel zum Zweck einer Produktion von Inhalten, die fremden und eigenen Ansprüchen gerecht werden muss. Der Schriftsteller Wolfgang Herrndorf veranschaulicht den immerwährenden Angriff auf die ganze Persönlichkeit folgendermaßen: „Wenn ein Maurer eine schlechte Mauer mauert, dann ist das Pfusch am Bau und man muss die einreißen, oder er wird zur Rechenschaft gezogen, oder das Geld wird gekürzt. Aber es gibt keinen Maurer, der nicht insgeheim weiß, dass er eine tragende Mauer hochziehen kann, wenn er sich bemüht. Als Schriftsteller weiß man das nie so genau, da ist man immer sofort als Person in Frage gestellt."

Denn eine kreative Arbeit ist kein Job, der getan werden muss und getrennt ist vom restlichen Leben. Als Entschädigung für etwaige finanzielle Miseren und mittelmäßigen Erfolg gibt es lediglich das ambivalente Gefühl zu verdienen, die Zeit mit seiner Herzensangelegenheit zu verbringen. In dem Interview mit der Journalistin Nic Koskowski heißt es beispielsweise: „Wenn aber jemand sagt, ich möchte eine Arbeit machen, mit der ich mich weitestgehend identifizieren kann, ich will keinen Chef haben, der mir über die Schulter guckt und es ist mir egal, wenn ich mal zwei Wochen lang nur Nudeln mit Sojasauce essen muss – o.k., dann mach das. Eingeschränkt empfehlenswert." Diese Aussage redet nicht einem neuen Modell des selbständigen und flexiblen Arbeitsethos im Sinne der Marktgesetzlichkeiten das Wort, sondern steht für den Wunsch, sich selbstbestimmt in seiner Arbeit ein hohes Maß an persönlicher Freiheit und Kreativität zu erhalten. Unsere Gespräche zeigen, dass diese Ansprüche unseren Protagonisten auch die Möglichkeit geben, sich den Zumutungen des Marktes ein Stück weit zu verweigern. Ihre Erfahrungen sind exemplarisch für viele Freiberufler in Deutschland, deren kreatives Potential ihre einzige Altersversorgung sein wird. Insgesamt bietet sich in „Wovon lebst du eigentlich?" ein differenziertes und zwiespältiges Bild von Chancen und Risiken künstlerischer selbständiger Arbeit. Man muss Geduld und Mut mitbringen, um als Filmemacher, Schriftsteller, Musiker, DJ, Modedesigner oder Labelmacher zu reüssieren: „Ich glaube, man braucht, wenn man selbständig sein will, as opposed to festangestellt, eine gewisse Gemütsruhe. Man darf nicht nachts wachliegen, weil man überlegt, ob das wohl in Zukunft so weitergeht", sagt die Autorin Kathrin Passig. Oft stellt sich Erfolg, wenn überhaupt, erst nach jahrelanger Investition von Zeit, Geld und Nerven ein. Dementsprechend ist die Identifikation mit der Arbeit so hoch, dass sie die gesamte Lebensführung dominiert. Nicht jeder bringt solche Voraussetzungen für seine Profession mit wie Nagel, Sänger der Band Muff Potter, der sagt: „In meinem Leben gibt es überhaupt keine Regelmäßigkeit, auch langfristig nicht. Und deswegen rede ich auch immer von der Band. Ich kann nicht unterscheiden zwischen Beruf und privat. Ich habe kein Privatleben. Ich muss sogar so weit gehen – Privatleben interessiert mich manchmal gar nicht." In diesem Interview wird deutlich, wie sehr die Kunst die Identität bestimmt und Selbstvergessenheit generiert: Man kann eigentlich nur das tun, was man aus eigenem Denken und eigener Kreativität erschaffen hat. In der selbst gewählten Position liegt damit einerseits das Potential für eine subjektiv befriedigende Karriere, andererseits jedoch das permanente Risiko des Scheiterns. Unser Buch soll zeigen, wie man trotz prekärer Lage den Mut findet, Zukunftsprojekte zu entwerfen, um die Gestaltungsmacht für eine glückliche Gegenwart sich nicht aus der Hand nehmen zu lassen.

Rasmus Engler/Jörn Morisse:
„Wovon lebst du eigentlich? Vom Überleben in prekären Zeiten"
Piper Verlag 2007, 256 Seiten

Wer applaudiert wem?

Thank you for the music

Auf der Bühne stehen, rocken, durch Konzerthallen touren und dabei Spaß haben. Davon träumen wohl viele junge Musiker. Allerdings ist ein Konzert nicht nur Vergnügen, sondern auch harte Arbeit. Wo aber hört das Vergnügen auf und wo fängt die Arbeit an? Und warum sollte nicht auch das Publikum mitarbeiten? Diese Fragen stellten sich David Adler mit seinen Freunden und entwickelten daraus die musikalische Performance Die Musikarbeiter.

In Halle wurde das Publikum eines Konzerts dazu aufgefordert mitzuarbeiten, indem es die für die Musik notwendige Energie auf eigens dafür präparierten Hometrainern liefere. Da es mit diesem aber ein sehr leises Konzert geworden wäre oder sehr viel mehr Zuschauer auf Hometrainern hätten strampeln müssen, wurde die Idee anders

DIE MUSIKARBEITER

Aktion/Performance
David Adler, Halle an der Saale
Konzeption und Organisation, (Komposition, Synthesizer und Gesang) Oliver Krüger (Konzeption und Organisation, Songtexte und Komposition, Gesang und E-Bass.), Stephan Bergmann (Konzeption und Organisation, Schlagzeug und Gesang), Anette Loy: Filmische Dokumentation und Schnitt

umgesetzt. Über Dynamos wurden Fahrradlampen an den Stirnen der Musiker mit dem erzeugten Strom versorgt. Die Band spielte nur, wenn sich im Publikum genug Freiwillige fanden um die nötige Beleuchtung zu garantieren. So entstand eine ganz neue Interaktion zwischen Publikum und Musikern: So, wie man auch eine Spieluhr erst aufziehen oder erst Kleingeld in eine Musikbox werfen muss, ertönte auch hier die Musik erst, wenn das Publikum bereit war etwas zu leisten. Ohne den Einsatz der Zuhörer müssen die Musiker nicht spielen. Aber ohne den Einsatz der Hörer dürfen und können sie dies auch gar nicht.

DAS SUPATOPCHECKERBUNNY MEINT:

Manche Leute behaupten ja immer, Musik machen sei gar keine Arbeit, sondern nur Vergnügen. Hier wurde sehr schön herausgearbeitet, dass das gar nicht stimmt! Die Erstrampelung der Energie könnte zum Beispiel das jahrelange Üben symbolisieren, das man erstmal leisten muss, um überhaupt ein Instrument zu beherrschen, und jahrelanges Üben ist absolut nicht immer nur Vergnügen!

Wie kann ich Brötchen mit Kultur kaufen?

Kulturarbeit zur Schau gestellt

„Aber was willst Du denn damit mal werden?"

Diese Frage müssen sich wohl alle Geisteswissenschaftler anhören. Studierende der Kulturarbeit an der FH Potsdam dürften ihr in Zukunft gelassener entgegensehen. Die 24-jährige Studentin Anne-Lu hat das Ausstellungsprojekt „Ein Blick, Ausblick" ins Leben gerufen und gemeinsam mit 15 Kommilitonen des dritten Semesters realisiert. Die Gruppe wollte damit Erstsemestern den Einstieg ins Kulturarbeitstudium und die spatere berufliche Orientierung erleichtern. Gemeinsam mit den Neulingen wurde eine Fotodokumentation erstellt, die sich deren aktuellen Träumen und möglichen Berufsfeldern der Kulturarbeit widmete. Das Projekt sollte Studium, Beruf und Zukunftsperspektive zusammenfügen.

Was aber bedeutet Kulturarbeit eigentlich? Was kann ich wirklich damit werden? Wo? Und wie? Solche brennende Fragen wurden von den Stundenten währen des Projekts intensiv bearbeitet.

In wöchentlichen Arbeitstreffen im Uni-Café planten die Drittsemester das Projekt. Es wurden Exkursionen organisiert, Neuankömmlinge befragt und Ausstellungsräume gesucht. Ohne die tatkräftige Unterstützung der Erstsemester wäre eine erfolgreiche

Vorbereitung der Ausstellung allerdings nicht möglich gewesen. Das Projekt entstand aus der engen Zusammenarbeit der Studenten aus dem ersten und dritten Semester.

Im Rahmen von insgesamt zehn Exkursionen besuchten die Studenten verschiedene Kulturarbeiter an ihrem Arbeitsplatz. Vor Ort konnten sie sehen und fühlen, wie gearbeitet wird, und nachfragen – zum Beispiel bei Julia vom Pfefferwerk, deren Aufgabe die Ausbildung von Veranstaltungskaufleuten ist. Die Besucher erfuhren, welche Aufgaben sie hat, wie ihr typischer Arbeitstag abläuft und welche Fähigkeiten eine Kulturarbeiterin braucht. Materielles Zeugnis der Exkursionen waren hunderte von Fotos und viele Seiten Text. Für die Ausstellung wurden diese sortiert und zusammengestellt.

Sensible Schwarz-Weiß-Portraits geben im ersten Teil der Ausstellung Einblicke in die Wunschberufe der Studenten: Filmproduzent, Verlagstante, Muse, Marketingmensch, Selbstständiger. Auf den Fotos halten die Erstsemester kleine Tafeln in die Höhe, auf denen ihre Wünsche für die Zukunft stehen.

Im zweiten Teil werden Arbeitsstätten und wichtige Kulturarbeiter vorgestellt, die während der Exkursionen besucht wurden. Man sieht den Pressebeauftragten der Philharmonie oder die Organisatorin einer Veranstaltungsreihe – die Er-

gebnisse des Projektes zeigen die unterschiedlichsten Möglichkeiten, mit Kultur seine Brötchen zu verdienen.

„Ein Blick, Ausblick" entstand im Rahmen eines neuen Programms an der FH Potsdam, in dessen Rahmen Drittsemester als Mentoren für die Erstsemester fungieren. Bei diesem ersten Durchlauf des Programms war die Zeitplanung noch fehlerhaft, dies könne aber laut Studierenden beim nächsten Mal vermieden werden. Für eine bessere Kommunikation sollen in Zukunft auch die Arbeitstreffen gemeinsam mit den Erstsemestern gestaltet werden.

Die Ausstellung gewährte über zwei Wochen lang in den Galerieräumen der FH Potsdam allen Interessierten Ein- und Ausblicke in und auf die Kulturarbeit.

Das Publikum war zahlreich und sehr zufrieden mit der Ausstellung. Der Direktor des Museums für Kommunikation honorierte mit seinem Besuch die semester- und institutsübergreifenden Zusammenarbeit und auch in den Räumen der Partnerhochschule in Görlitz war die Ausstellung zu Gast. Am Institut für Europäische Ethnologie der FU Berlin war die Begeisterung für das Projekt so groß, dass sogar ein neuer Kurs zur Berufsorientierung eingerichtet wurde. Und auch der Dekan des Studienganges Kulturarbeit zeigte sich beeindruckt. Die Ausstellung wurde zum besten Studentenprojekt der letzten Jahre gewählt.

KULTUR-ARBEIT

Ausstellung - Installation / Foto in Berlin. Potsdam, Görlitz

Anne-Lu Kitzerow, Berlin

Mit Verena Concha-Vega und Studenten des 1. und 3. Semesters der FH Potsdam

Die Zeitmaschine

UTOPIE DER NICHT-ARBEIT: DIE ZEITMASCHINE (NACH H.G.WELLS)
Theater in Berlin, Duisburg, Polen
Tolga Özdemir, Duisburg

Im Theaterstück „Zeitmaschine – Wehikul Czasu" haben 17 Jugendliche aus Deutschland und Polen unterstützt vom jungen Theater Bruckhausen ein deutsch-polnisches Stück um die Lebensweisen von Morlocks und Elois ausgearbeitet, geprobt und in Berlin, Bröllin, Szczecin, Duisburg und weiteren Orten aufgeführt.

Neben Arbeit geht es um Fremdheit, Freundschaft und die (Un-) Vereinbarkeit von Tag- und Nachtarbeit. Tolga Özdemir, der Projektleiter und Bruckhausenbestboy berichtet: „Wir haben einiges über das Thema Arbeit herausgefunden. Einerseits über das, was wir im Stück verhandeln, mindestens aber genausoviel über unsere eigene Arbeit am Stück."

WIE ARBEITET EIGENTLICH...

Ein 9to5 Worker

9to5 ist aber doch genau das, was ich will! 5 Tage arbeiten und dann, am Freitagabend, große Freude: Ich kann bis Montagfrüh die Arbeit mal Arbeit sein lassen. Mit Freunden treffen, unters Volk mischen und den Tagesrhythmus auch mal nach Belieben variieren.

Dabei bemerke ich, dass ich so was von normal bin, dass ich fast schon als Exot durchgehe. Welch Paradoxon!

Ich finde mich in einer Welt derer, die behaupten, „zu arbeiten wie und wann sie wollen". An dieser Stelle könnte jetzt Neid bei mir aufkommen, denn von mir wird erwartet, dass ich montags bis freitags zwischen 9 und 5 im Büro bin. Ich stelle jedoch fest, dass dem keineswegs so ist, als ich bemerke dass meine Freunde auch abends auf einer Party noch „arbeiten", also von ihrem Blog, ihren neuen Projekten, Drehs und Shows erzählen. Aber anhören tue ich es mir das gern.

Ich befinde mich also in der Welt, die ich vor ein paar Jahren nur aus den Medien kannte. Und siehe da, es gibt all dies wirklich! Das Fernsehen hat mal nicht gelogen! Ich habe Freunde, die verdienen damit tatsächlich ihr Geld. Eine interessante Entdeckung für mich.

Aber jetzt Achtung! Möglichst unauffällig verhalten, denn sonst kommt noch die Frage auf, was ich eigentlich so mache. Mein neu gewonnener Stolz, endlich einen guten Job ergattert zu haben, der mich interessiert und den ich für sinnvoll erachte, schwindet.

Denn wie soll ich das nun erklären? Ich mag es, montags bis freitags 9to5 Daten hin- und herzuschubsen und sie zu analysieren. Diese Beschäftigung gibt mir dann die Rechtfertigung, an zwei Tagen in der Woche einfach mal zu tun, worauf immer ich Lust habe. Und dafür dann auch den Kopf frei zu haben. Wie schrecklich fand ich es im Studium tagein, tagaus das schlechte Gewissen im Nacken zu haben, dass man ja noch was tun könnte.

Jetzt hingegen tauche ich freitags ab in eine bunte Welt, die mir gefällt und Sonntagabend nach dem Auftauchen höre ich den Sonn-

Hauptsache, Spaß bei der Arbeit. Auch wenn nicht jeder DJ sein kann.

tagsblues in mir… ich werde nicht einschlafen können … morgen Früh muss ich wieder aus den Augen gucken können am Schreibtisch. Aber dafür zieh ich einfach meine Brille auf, fahre ins Büro und schon nimmt die Woche ihren gewohnten Lauf.

Aber schön war's … der kleine Urlaub am Wochenende. Grinse ich dann auf Arbeit in mich hinein.

Und die Freiberufler? Neulich hat einer meiner Freunde zugegeben, dieses Sonntagsgefühl schon seit Jahren nicht mehr zu haben und manchmal dann doch zu vermissen. Ja, das kann ich gut verstehen. Außer dem Wochenende gibt es für Angestellte dann noch den alltäglichen Feierabend irgendwann nach 5 auf den man sich freuen kann.

Wieso heißt das eigentlich nicht „An- und Ausgestellter"?

Rita Butzke

- Sach mal, was willsten
um halb zehn morgens
mit nem Schnaps und
nem Bier.
- Visionen.
- Wat?

7. VISIONEN

DER KLANG DER ARBEIT

- Ja, Herrgott, ich will
Wisionen haben.
- Fisionen?
- Ja. Wisionen.

Der Klang der Arbeit

In der Kaschemme meines Vertrauens (kommense mal vorbei).
- Wat darfsn sein?
- N Kurzen. Und ne Halbe.
[Pause]
- Bitte.
[Pause]
- Wie, jetze?
- Ja, nee. Übermorgen.
[Pause]
- Ja na klar jetze, verdammt.
- Warum dattn? Liebeskummer oder wat?
- Wie Liebeskummer? Warum denn Liebeskummer? Und was fragsten so blöde? Früher bei der Stasi gewesen oder was?
- Ja, nee, ick frag ja bloß. Is ja erst halb elf und so, nicht.
- Ja, is halb zehn. Scheiß drauf isses halb zehn. Und muss ich jetze warten bis halb zwölfe auf die Halbe und den Kurzen oder was.
- Sach mal, was willsten um halb zehn morgens mit nem Schnaps und nem Bier.
- Visionen.
- Wat?
- Ja, Herrgott, ich will Wisionen haben.
- Fisionen?
- Ja. Wisionen.
- So. Du wüllst wissen, wat morjen is, oder wat.
- Genau.
- Ja, naja jut, da hast ne Molle.
[Pause]
- Wofür brauchsten Visionen?
- Für Arbeit.
- Wie für Arbeit? Fehlt die Zukunftspersektive, oder wat?
- Nee. Ich brauch Arbeitsvisionen. Weißte, Ideen vonner Arbeit und so. Wie die inner Zukunft aussieht.
- Ja, wie sollen die aussehn?
- Ja, wat weiß ich.
- Willst wissen, wie ick dis seh?
- Sag an.
- Also, der Kostedde, der hat mal jesagt...
- Der Kostedde war ausm Pott.
- Is doch jeschisssen. Der hat mal jesagt: Icke will nie mehr arbeeten, bloß noch am Tresen stehn und saufen. Dit hat der jesacht, der Kostedde.
- Genau, was Du machst. Bloß nennst Du das arbeiten. Sorry, Du nennst das „arbeeten".
- Ja, und, wasn mit Dir? Arbeeteste gerade?
- Ja, nee, grad fertig geworden.
- Macht vierfuffzig.
- Bitteschön.
- Danke.

Frédéric Valin

Die Sinfonie des Monotonen

Alltag braucht Struktur. Arbeit schafft Struktur. Die Struktur kann einen Rhythmus geben. Das Projekt „feel the rhythm" näherte sich dem Thema Arbeit und Arbeitsalltag von einer visuellen und akustischen Seite. Christian Laukat stellt auf einer DVD ganz unterschiedliche Klangwelten vor. Der Film zeigt charakteristische Szenen aus dem Arbeitsalltag, die mit passenden Tönen und Geräuschen zu einem Videoclip zusammen geschnitten wurden. Man sieht Maschinen in einer Druckerei, Filmvorführgeräte, Stickautomaten, aber auch Szenen aus dem Büro und der Werkstatt.

Seit der Urgeschichte bis zu dem heutigen Tage ist eine Beziehung von Arbeit und Rhythmus anzunehmen. (Karl Bücher, 1904)

Der Film sucht nach Gesicht und Klang der Arbeit. Scheinbar monotone Arbeitsabläufe und die dazugehörigen O-Töne werden zu einem multimedialen Porträt verschiedenster Produktions- und Dienstleistungsbereiche. Die Musikclips zeigen, dass Arbeit weit-

aus mehr sein kann als die Summe täglich wiederkehrender Abläufe, und entwickeln, abhängig von den einzelnen Arbeitsplätzen, einen ganz eigenen Sound.

Gedreht wurde in einer Arztpraxis, einem Amtsbüro, einer Kfz-Werkstatt, in einer Brauerei, im Kino und in einer T-Shirt Druckerei. Grundsätzlich galt für die Dreharbeiten, dass Einstellungen nach dem potentiellen Bild-Geräusch-Bezug ausgewählt wurden, d.h. es wurden Nah- und Detailaufnahmen gewählt, die brauchbare Geräusche lieferten. Z.B. das Schlagen eines Hammers, das Rattern der Maschinen in der Druckerei oder das Surren eines Kopierers.

Begriffe wie Arbeitstakt, Tempo, Akkordarbeit oder Pause stellen den Bezug zwischen Arbeit und Rhythmus her. Die Verfremdung der O-Töne und die Collage der Videoschnipsel formen eine eindrucksvolle Synästhesie von Bild und Ton. Dies unterstreicht die These von Karl Büchner, dass „seit der Urgeschichte bis zum heutigen Tage eine Beziehung von Arbeit und Rhythmus anzunehmen ist."

Christian Laukat (Jahrgang 1985) stammt aus Mecklenburg-Vorpommern. Er lebt in Leipzig und

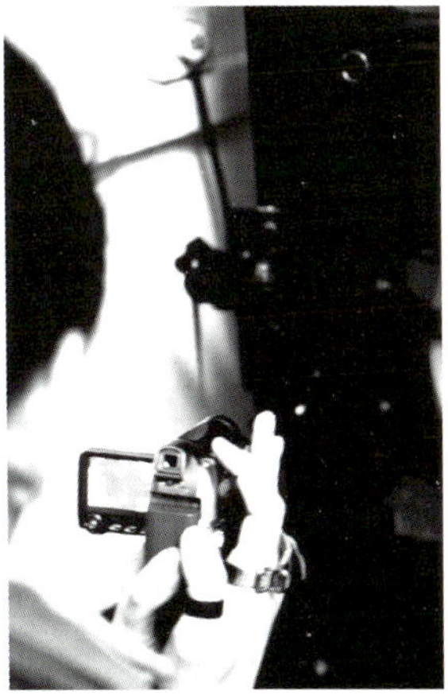
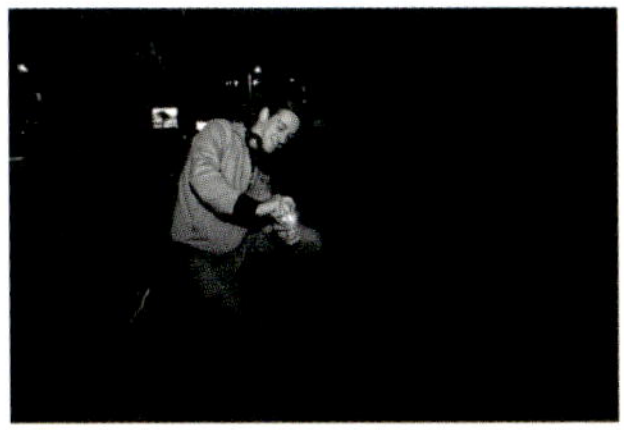

studiert dort Kommunikations- und Medienwissenschaften, Soziologie und Volkswirtschaft.

Seine Erfahrungen während des Projektes fasst er so zusammen: „Im Verlauf meines Studiums bin ich zur Arbeit mit der Kamera gekommen und so lag es nahe, ein Videoprojekt zu planen. Die Liebe zur Musik war ein weiteres Element. Und mit der Förderung durch das **100.000-EURO-JOB**-Projekt war die Chance gegeben, sich auch auf neuen Gebieten auszuprobieren. So entstand die Idee der elektronischen Videocollage."

FEEL THE RHYTHM
Musik/Musikvideo
Christian Laukat, Leipzig
rabota2006.de

DAS SUPATOPCHECKERBUNNY MEINT:

Rhythmus kann allerdings auch extrem nerven, zum Beispiel der Rhythmus einer klopfenden Heizung in der Nacht oder der eines Pressluftbohrers am frühen Morgen. In der Arbeitswelt würden sich viele Menschen sicher mal eine Abwechslung von den Rhythmen wünschen, die sie jeden Tag hören. Meistens kommt der Rhythmus ja nur von einer Maschine und nicht von einem professionellen Schlagzeuger.

ARBEIT2107
Aktion/Performance in Leipzig
Katja Marx, Zwenkau

Arbeit im Jahr 2107

Arbeit. Kleidung. Zukunft. Diese drei Elemente kann man doch auch kombinieren, um vorhersagen über das Thema Arbeit in Zukunft zu treffen sagte sich die 21jährige Modegestalterin Katja Marx aus Zwenkau. Wird Kleidung zukünfig Arbeit erleichtern? Wird sich der Kellner der Zukunft mit einem Plüschkostüm durch die Masen boxen? Trägt der Zahnarzt bunte Kleidung, um Patienten die Angst vor der Behandlung zu nehmen? Oder werden in Zukunft alle Arbeiten nur noch von Cyborgs erfüllt, die dann möglichst menschlich – oder möglichst abstrakt aussehen sollen? Diese und mehr Fragen machte Katja zum Ausgangspunkt eines Modewettbewerbs für die Arbeitskleidung der (nahen) Zukunft im Jahre 2107. Im Leipziger UT Connewitz wurden die entwickelten und ausgewählten Entwürfe im Rahmen einer Modenschau öffentlich präsentiert. Die Bandbreite der vielfältigen Entwürfe reichte von der lebenden Jukebox bis zur Roboterkindergärtnerin, die Schallwellen neutralisieren kann.

Nebenan im Paradies

„Von der Erschöpfung" heißt der einleitende Teil von Beate Weinerts Film „Reise zu den Alternativen". Die Erschöpften, Frustrierten und Enttäuschten kommen hier zu Wort, befragt in der Alltagshektik von Berlin. Richtig zufrieden scheint hier niemand zu sein. Kritik an der gegenwärtigen Arbeitsmarktpolitik oder ungerechter Vermögensverteilung wird in einer Stimmung zwischen Wut und Fatalismus geäußert.

Was mich immer verwundert hat, ist, dass Menschen, die eigentlich sehr wohlhabend sind und gut verdienen, oft diejenigen sind, die psychisch gestresst sind durch ihre Jobs. Leute, die ganz einfache Tätigkeiten machen, am Fließband oder so, haben damit nicht so große Probleme.
(Bewohner des ZEGG)

Aber es gibt auch Auswege aus der Klapsmühle des Alltags, und diese Möglichkeiten stellt Beate Weinert vor. Von den Erschöpften zu den Schöpferischen nämlich ist es gar nicht so weit, man muss nur etwas herausfahren aus den hektischen Städten, z.B. nach Klosterdorf in Brandenburg. Dort wird auf dem Ökolea-Hof ökologisch gelebt und gearbeitet. Gleichgesinnte schlossen sich vor Jahren zusammen, um hier ihr Ideal vom Einklang von Leben und Arbeit zu verwirklichen. Ein Biogarten wurde nach Permakulturrichtlinien angelegt und es wird der Natur nur soviel genommen, wie sie übrig hat. Der Gärtner ist gleichzeitig auch Heilpraktiker. Die eigene Bäckerei versorgt den Ort und Berliner Märkte mit Biobrot. Jeder hat hier irgendetwas zu tun, jeder setzt seine Fähigkeiten ein ohne an einen Arbeitgeber oder feste Arbeitszeiten gebunden zu sein. So auch der entspannt wirkende Buchbinder, der alte Handwerkstechniken anwendet und in Kursen vermittelt. „Etwas gemeinsam mit anderen Menschen zu machen, mit den Händen und dem Kopf, das war immer mein Ideal", sagt er. Dass jemand zu Tätigkeiten gezwungen werde, die ihm nicht liegen, hält er für ein Grundübel unserer Gesellschaft: „Meine Beobachtung ist: Die Dinge, die freiwillig gemacht werden, werden am besten. Man kann Berge versetzen, wenn etwas gerne macht und ein Ziel vor Augen hat."

Auch die zwei weiteren Gemeinschaftsprojekte, die Beate Weinert besucht, das Zentrum für experimentelle Gesellschaftsgestaltung (ZEGG) und das sozialökologische LebensGut in Pommritz, zeichnen sich dadurch aus, dass Arbeit nicht als ein notwendiges Übel, sondern als schöpferischer Kern des Lebens in Gemeinschaften betrachtet wird. In den Ohren der „erschöpften" Hauptstadtbewohner vom Anfang des Films mögen viele Ansichten der Kommunenbewohner wie Hohn klingen und manche von ihnen scheinen auch wirklichkeitsfremd. Z.B. die Aussage, Arbeitsmodelle, die in der geschlossenen kleinen Gemeinschaft gut funktionierten, könnten auch gesamtgesellschaftlich erfolgreich sein. Vielleicht liegt aber gerade in dieser Naivität die Stärke der Aussteiger? Die einfache Frage, was man vom Leben will und wie man arbeiten möchte, haben sie jedenfalls konsequent für sich beantwortet und umgesetzt.

Beate Weinert über ihren Film: „Die Alternativen, die aufgezeigt werden, zeigen sich vor allem in der Einstellung zur Umwelt; in der nachhaltigen Produktion. Die Produktionswege sind kurz, dadurch wird zum Beispiel weniger CO2 ausgestoßen. Wir haben hier Menschen, die sich nicht einfach gedankenlos in ein bestehendes System einfügen und in dieses womit-mach-ich-denn-mal-Geld-Ding. Sie fragen sich: Was arbeite ich, was ist mir wirklich wichtig? Es ist eine Art von ganz ehrlicher Arbeit, die gehen keinerlei Kompromisse mit irgendwelchen Arbeitsmarktbedingungen ein. Die Idee ist, außerhalb der Gesellschaft eine Art eigenes kleines Ökodorf mit eigenen Regeln zu gründen. Und dahinter steckt diese Idee ein freier Mensch zu sein.

Ich selbst möchte eigentlich nicht in einem Ökodorf leben, weil ich da zu selten raus könnte um andere Leute zu treffen. Ich bin noch zu jung, um das Gefühl zu haben, dass es genügt, nur an einem Fleck zu sein.

Die Idee, einen Film über Ökodörfer zu machen kam mir vor vier Jahren auf einer Australienreise, wo ich genau solche wunderschönen Orte besucht hatte und dachte, das müssten alle Leute sehen. Ich wollte eine Internetseite gestalten, auf der jeder seine Vorstellungen vom Paradies verlinken kann. Das **100.000-Euro-Job**-Projekt war eine super Gelegenheit, das mit einem kleinen Team und einer guten Kamera realisieren zu können.

Die Leute in den Ökodörfern haben einen glücklicheren und ausgeruhteren Eindruck gemacht, als die hier in der U-Bahn und auf der Straße. Sie haben mehr gelächelt. Aber auch zwischen den Kommunen gab es einige Unterschiede."

Mich hat überrascht, als wir in ZEGG reingefahren sind, wie groß das ist, dass es wirklich 50 Häuser sind, die flächig angeordnet sind und mit Bäumen drum herum. Das ist so krass, diese eigene Welt. Als Kind hab ich viel Computerspiele gespielt, so Adventure, und da kommt man dann auch in so ein kleines Dorf rein und kann an Türen klopfen und gucken. So ähnlich war es da auch, und es war ja auch alles irgendwie so ein bisschen süß, so voll hübsch, also fast wie ein Computerspiel, das Betreten einer anderen Realität.
(Beate Weinert)

FORSCHUNGSREISE ZU DEN ALTERNATIVEN

Film, Beate Weinert, Berlin

Iven Bahro (Ton), Julia Speiser (Making of), Björn Engels (Kamera), Adam Ostrowski (Kamera), Armin Dierolf (Kamera), Louis Eckenberger (Filmmusik), Ronald Graeber (Cutter)

Penner gegen Bohèmiens oder Zwei Seiten einer Vision

Die eine Seite...
Holm Friebe/Sascha Lobo: Die digitale Bohème

Es gibt eine Alternative zum erstarrten Modell der Vollzeit-Beschäftigung, das neben der Massenarbeitslosigkeit auch die Massenunzufriedenheit hervorgebracht hat

Unter dem Motto „Etwas Besseres als die Festanstellung finden wir allemal!" formiert sich – nicht nur in den Metropolen – die digitale Bohème als neue Avantgarde der Arbeitsgesellschaft.

Vor kurzem wurde uns die Visitenkarte einer Berliner Zahnärztin zugespielt, auf der nur noch eine E-Mail-Adresse und eine Mobilnummer verzeichnet ist. Der Grund: die junge Ärztin hat keine eigene Praxis, sondern mietet sich temporär in Zahnarztpraxen ein, wo Vakanzen bestehen. Ihre Stammkundschaft folgt ihr treu, neue Patienten gewinnt sie durch Mundpropaganda. Nun würde man den Beruf des Zahnarztes kaum dem zuordnen, was klassischerweise die Betätigungsfelder der Bohème sind. Dennoch zeigt das Beispiel, das bestimmte Arbeitsweisen und Formen der Arbeitsorganisation, die lange Zeit nur von Künstlern praktiziert wurden, auch in anderen Bereichen auf dem Vormarsch sind.

Analoge vs. digitale Bohème

Seit der Frühphase der Industrialisierung bestand die Arbeitsgesellschaft nicht nur aus den tendenziell rivalisierenden Lagern der Bourgeoisie, des bürgerlichen Unternehmertums, und des Proletariats, der Arbeiterschaft. Dazwischen bildete sich bereits Anfang des 19. Jahrhunderts, zuerst in Paris, später in anderen europäischen Großstädten eine Gruppe freischaffender Kulturarbeiter und Lebenskünstler, die sich dem rigiden Arbeitszeitschema der Industriegesellschaft entzogen, statt dessen den zwanglosen künstlerischen Austausch in Kneipen und Kaffeehäusern suchten und einem ungeregelten Tagwerk nachgingen. Da es sich dabei zumeist um die sprichwörtlich „brotlosen" Künste – Literatur, Malerei, Schauspiel etc. – handelte, war die Bohème ebenso sprichwörtlich arm. Das hat sich geändert, spätestens seitdem es das Internet gibt. Indem die digitale Bohème die Technik umarmt und so ihre Handlungsspielräume erweitert, wird sie zu einem ernst zu nehmenden Wirtschaftsfaktor. Sie stellt nicht mehr nur Kulturprodukte in Eigenregie her – durch die Demokratisierung der Technologie heute sogar kinotaugliche Spielfilme fast ohne Budget -, sondern kontrolliert zunehmend auch die digitalen Vertriebswege. Unter dem Titel „Jahrmarkt der neuen Gründer" beschrieb der Spiegel diese Machtverschiebung so: „In der globalisierten Kulturwelt gelingen unabhängigen Filmemachern, Musikern, Künstlern und Schriftstellern überraschende Außenseitererfolge. Die Kreativität der Kleinen tobt sich im Internet, in Club-Galerien und Horrorfilmen aus – und lässt die großen Konzerne oft starr und alt aussehen."

Abschied vom Prekariat

Die digitale Bohème könnte damit so etwas bilden wie die Speerspitze einer neuen Arbeitsgesellschaft. Indem sie ihr wirtschaftliches Schicksal selbst und gemeinschaftlich in die Hand nimmt, verabschiedet sie sich gleichermaßen vom immer weiter verknappten Modell der Festanstellung, wie vom Einzelkämpfertum am Existenzminimum, das neuerdings unter dem Schlagwort „Prekariat" läuft. Oft gilt es dabei, ökonomische Durststrecken zu überbrücken, und reich wird man so auch nicht – das durchschnittliche Jahresgehalt der in der Künstlersozialkasse versicherten Kulturschaffenden lag 2005 knapp über 10.000 Euro. Trotzdem zeigen eine Reihe von Untersuchungen und Befragungen, das „Alleinselbständige in Kulturberufen" trotz bescheidenen Einkommens sehr zufrieden mit ihrer Arbeitssituation sind, während in weiten Teilen der Angestelltenschaft der Verdruss und die Angst vor dem Arbeitsplatzverlust wächst. Eine Umfrage des Gallup-Instituts Ende 2004 ergab, dass 70 Prozent der Angestellten in Deutschland mehr oder weniger Dienst nach Vorschrift absolvieren, fast jeder Zweite hat die „innere Kündigung" bereits vollzogen. Dagegen setzt die digitale Bohème das freudige Arbeiten in selbstgewählten Projekten, aus dem sie vielleicht weniger Geld, dafür mehr Befriedigung zieht.

Zukunft der Arbeit?

Der technische Fortschritt arbeitet in ihre Richtung und sorgt dafür, dass aus ehemaligen Hobbys Berufe werden können. Und das meiste lässt sich vom eigenen Rechner aus erledigen. So verdient die digitale Bohème zum Beispiel Geld mit Werbebannern auf ihren Websites, handelt mit virtuellen Immobilien, lässt sich Projekte sponsern oder verkauft eine Idee an einen Konzern. Laptops, Labels und Weblogs sind ihre Werkzeuge, eBay, YouTube, MySpace ihre Vertriebs-Plattformen. Mittlerweile ist es möglich, mit rein virtuellen Geschäftsmodellen eine reale Existenz zu bestreiten, wie eine hessische Lehrerin vormacht, die im Online-Spiel Second Life Grundstücke entwickelt und weiterverkauft. Damit hat sie bereits über 1. Mio. Euro Gewinn in realer Währung gemacht. Nur ein Beispiel, das zeigt, wie sich Phantasie und Leidenschaft in eine gesicherte ökonomische Existenz verwandeln lassen, die die Vorstellung einer Festanstellung zunehmend unattraktiv erscheinen lassen. Die digitale Bohème ist sicher kein Zukunftsmodell für alle, und sie wird die Krise des Arbeitsmarktes und der Erwerbsgesellschaft nicht lösen – aber ihre Erfolge zeigen doch, dass die Landkarte dessen, was Arbeit in Zukunft ist, noch mehr weiße Flecken aufweist, als sich viele – insbesondere Gewerkschaften und Politiker – heute vorstellen können.

...und die andere Seite
Mercedes Bunz: Meine Armut kotzt mich an

In dieser Stadt sieht man uns überall. Wir bevölkern die Cafes mit unseren Laptops. Wir betreiben kleine Läden, in denen wir vorne junge Mode oder minimale Möbel ausstellen. Und wenn man spätabends an den erleuchteten Fenstern unserer Ladenlokal-Büros vorbeigeht, sieht man uns immer noch Design entwerfend hinter den Rechnern sitzen. Wir sind hip, hoch qualifiziert, diffus kreativ und arm. Urbane Penner eben.

Gleich ob wir unser Geld selbst verdienen oder unterstützt werden, selten haben wir im Monat mehr zur Verfügung als um die 1000 Euro. Nach Abzug von Miete, Krankenversicherung und Mobiltelefonrechnung bleibt da nicht viel. Jetzt könnte man natürlich sagen, die Armut des Urbanen Penners ist eben der Preis für den Luxus selbstbestimmter Arbeit. Nur: Luxus ist gut, in dieser Stadt haben wir dazu keine Alternative. Der Preis auf dem Markt wird auch in Berlin immer noch durch Angebot und Nachfrage bestimmt und das Angebot an Kreativen auf dem Arbeitsmarkt ist groß. Die bei der Künstlersozialkasse gemeldeten Publizisten und Künstler etwa haben sich in Berlin in den letzten fünf Jahren fast verdoppelt. Es gibt von uns zu viele, wir versauen uns die Preise. Trotzdem bleiben wir hier. Wieso leben wir eigentlich in einer Stadt, die uns nicht ernährt?

Das Dilemma der niedrigen Mieten

Als ich im letzten Herbst mit dem Ende meiner Dissertation in Kulturwissenschaft auf den freien Arbeitsmarkt ausgespuckt werde, beginne ich mit dieser Frage meinen Bekanntenkreis zu löchern. Die Standardantwort lautet: Die Lebenshaltungskosten sind in Berlin eben niedrig, vor allem die Mieten. Das ist kein Geheimnis, sondern vielmehr international bekannt. Tatsächlich sorgen die billigen Mieten dafür, dass viele Künstler, Musiker und Journalisten aus ganz Deutschland, mehr noch, aus aller Welt, in diese Stadt ziehen. Auch ein Praktikum absolviert man hier gerne. Von überall strömt kreatives Potential in die Stadt, denn hier ist es jungen Leuten möglich, etwas Eigenes auf die Beine zu stellen. Allein der Preis für ein Ladenlokal, in dem man dann ein eigenes Büro, eine kleine Agentur oder einen Sandwichladen hochzieht, könnte man sich in anderen Städten niemals leisten. Soweit so gut, denn genau da beginnt auch das Problem des Urbanen Penners.

Zunächst ermöglichen einem die billigen Mieten, selbst zu produzieren. Man steht nicht sofort unter Erfolgsdruck. Man muss zwar irgendwie überleben, aber nicht sofort Gewinn einfahren. Es bleibt Platz, Fehler und damit seine eigenen Erfahrungen zu machen und Dinge auszuprobieren. Die Stadt schenkt einem Freiraum. Für junge Kreative ist Berlin deshalb auch ein optimales Pflaster. Frei allerdings ist dann auch der weitere unternehmerische Raum – in Berlin gibt es keine Arbeit, folglich wird wenig konsumiert. Das Urbane Pennertum ist damit vorprogrammiert, denn was soll man tun, wenn man hier ein Produkt bis zu einer gewissen Vollendung entwickelt hat? An wen soll man seine erworbene Fähigkeit verkaufen, wenn niemand Geld hat? Wo soll man seine Leistung einbringen, wenn kein Unternehmen da ist, das von einem profitieren möchte? Man kann eine noch so gute Geschäftsidee haben, wenn es auf der Konsumebene kein Geld gibt, hilft eine Ich-AG wenig. Die einzige ökonomische Option, die man in Berlin hat, ist also der Wegzug. Weg vom Versprechen dieser Stadt, Leben und Arbeit vereinen zu können. Hin zu Geld, hin zur Arbeit. Hin aber auch zu den hohen Lebenshaltungskosten der anderen Großstädte, in denen man dann wiederum nur arbeitet, um sie bezahlen zu können. Will man das? War man nicht gekommen, weil man etwas anderes wollte? Man bleibt also. Und damit ist man mitten im Dilemma der billigen Mieten gelandet: Was einen in erster Instanz dabei geholfen hat loszulegen, hält einen dann in der zweiten Instanz davon ab sich weiter zu entwickeln. Tatsächlich kommt einem manchmal genau deshalb auch der perverse Gedanke, die entspannte Situation dieser Stadt zu verwünschen. Gebt uns endlich höhere Mieten, möchte man rufen, damit wir Urbanen Penner wieder in die Gänge kommen!

Umringt von Urbanen Pennern und deren Laptops erprobe ich meine Provokation bei einem Mittagslunch an meinem besten

Freund Jan, Redakteur einer Musikzeitung. „Okay, das kann man nun nicht ernsthaft wollen", sagt Jan, „denn eigentlich ist man ja froh, dass in Berlin die Menschen ihren Lebenslauf nicht stromlinienförmig abreißen. Man ist hierher gekommen, eben weil man nicht von einem homogenen Umfeld erdrückt wird, dessen Ziel es ist, mit Mitte dreißig ein Reihenhaus geheiratet zu haben." Das finde ich auch, denn natürlich ist es gut, dass man in Deutschlands Stadt mit dem größten Loch in der Brieftasche, Berlin, besser leben kann – Konsum ist ja in den meisten anderen Städten oft nichts anderes als die Ersatzhandlung von Opfern, die den Frust über ihren entfremdeten, unkreativen Job durch Geldausgeben kompensieren müssen. Zugleich ist es aber eben so, dass bessere Verhältnisse nicht unbedingt die besseren Menschen machen, denn nur weil man arm ist, ist man nicht automatisch auf der richtigeren Seite. Im Gegenteil. Einige Menschen verführt das etwa dazu, nichts mehr wirklich zu wollen. Und es reicht eben nicht, glaubwürdig im eigenen Minijob zu sein. Wenn man in einem Freiraum ohne jede Herausforderung vor sich hinvegetiert, ist man in die Falle der repressiven Toleranz getappt. „Genau deshalb", sage ich ärgerlich zu Jan, „braucht es irgendwie wieder mehr Druck dagegen. Damit die Leute gezwungen sind, endlich wieder eine Haltung einzunehmen." Darauf einigen wir uns nach dem Essen bei einem doppelten Espresso und gehen dann zurück hinter unsere Schreibtische, um weiter diffus kreativ zu sein. Die Urbanen Penner, die wir mit unserer angeregten Diskussion beim Arbeiten gestört haben, lassen wir im Cafe an ihren Laptops zurück. Zwei dieser Prachtexemplare sitzen sich im Bildschirmschein ihrer silbernen Laptops schweigend einander gegenüber, ein weiterer hat sich hinten in einer ruhigen Ecke platziert. Eigentlich ein Niedergang der Cafekultur: Heute bekommt man anstelle von ein wenig Erholung dort das Gefühl, man befindet sich in einem modernen Arbeitslager. Und am Wochenende folgt dann der Brunchzwang. Das sind Aussichten.

Elternabhängig

Ein paar Tage später treffe ich den Psychologen und freien Journalisten Mark Terkessidis im Mir in Kreuzberg. Das Essen ist sowohl hervorragend als auch bezahlbar und auch hier gibt es Funknetz und Internetzugang für umme. Berlin schafft es mal wieder, finanzierbare Qualität an den Start zu bringen, denn lieber ein paar schnuckelig-kreative Urbane Penner als gar keine Kunden. Junge Leute mit sorgfältig verwuschelten Haaren rauchen also hier Biotabak und besprechen am Sofa ihre neuesten Fotoarbeiten mit Kunden, die auch nicht aussehen, als ob sie ihnen mehr als einen Hungerlohn zahlen können. Mark Terkessidis und ich diskutieren, warum hier immer noch keiner gegen die prekären Arbeitsverhältnisse dieser Stadt rebelliert. Haltung eben. Dass das Einkommen in Friedrichshain oder Kreuzberg niedrig ist, kann man sich ja denken. Aber auch in Berlin-Mitte liegt das Monatshaushaltsnettoeinkommen um 1200 Euro – für einen Durchschnittswert in unserem poshen Viertel Berlin-Mitte ziemlich niedrig. Wir machen uns also folgende Gedanken: Wie kommt es, dass qualifizierte Menschen in der Blüte ihrer Jahre einen so mageren Lohn hinnehmen, ohne aufzubegehren oder zu murren? Wieso sind wir – gut ausgebildet und belastbar – bereit, ein Praktikum nach dem anderen abzureißen, ohne Geld zu verdienen? Natürlich hat man uns allen jahrelang eingeredet, unser Ausbildungssystem sei schlecht, so dass sich Studenten heutzutage entschuldigen, anstatt stolz ihre Qualifikation hochzuhalten und zu rufen: „Hey Mann, ich habe studiert – und zwar jahrelang!" Doch trotz dieser Indoktrinierung ist es erstaunlich, dass sich niemand beschwert. Etwa bei der älteren Generation. Denn unsere Probleme sind auch das Ergebnis ihrer verfehlten Ausbildungs- und Beschäftigungspolitik und wir schieben ja sonst immer gerne Schuld in die Schuhe der anderen. „Warum", frage ich Mark Terkessidis, „wird also nicht demonstriert, randaliert oder zumindest lauthals gemotzt? Warum bleibt ein Generationskonflikt aus?"

Der Grund ist eindeutig: In der Ökonomie des Urbanen Pennertums spielen die Eltern eine nicht unwesentliche Rolle, denn sie sind es, die ihrem Kind ein Praktikum nach dem anderen ermöglichen. „Mittlerweile ist die private Subventionierung von Gehalt bei jungen Leuten normal", sagt Mark Terkessidis. „Die Eltern finanzieren, was die Wirtschaft oder der Staat nicht mehr bezahlen will oder kann, immer in der Hoffnung, dass sich das symbolische Kapital, das ihr Kind erwirbt, später auszahlt. Denn von dem Lohn, der für Volontariate, Assistenzen und Praktika in Verlagen, Theatern oder Agenturen bezahlt wird, kann man nicht wirklich leben." Die ältere Generation bügelt also das Manko von Staat und Wirtschaft mit ihrer Privatschatulle aus. Im Grunde bezahlt sie damit von ihrem Gehalt zwei Leben, nämlich ihr eigenes und das ihrer Kinder. Daher war Rebellion auch gestern, denn man beißt nicht die Hand, die einen füttert.

Auswege – zurück in die Stadt

Wenn die Menschen in meinem Bekanntenkreis die Grenze der Dreißig überschritten haben und sich immer frustrierter überlegen, dass es mit dem Umdrehen der wenigen Euros nicht ewig so weitergehen kann, dann scheint es aus der Misere der Stadt nur ein Entkommen zu geben: Man muss vom Urbanen Penner zum Urbanen Pendler werden. Wer sich umschaut, wird feststellen, dass diese Praxis auch bei Arbeitgebern durchaus sehr beliebt ist. Münchner etwa können sich für den halben Lohn einen Berliner holen. Stuttgarter bekommen einen Hauch Großstadt frei Haus mitgeliefert. Folglich: Egal ob es bekannte Poptheoretiker, viel gelesene Universitätsprofessoren oder erfolgreiche Kunstkritikerinnen sind, egal also ob Diedrich Diederichsen, Dirk Baecker oder Isabelle Graw: alle pendeln. Bezeichnend ist das zunächst erstmal vor allem dafür, wie sehr die Stadt an ihrem kreativen Humankapital hängt. Nämlich wenig. In anderen Städten wird gerne über Auftragsvergabe versucht, sein Potential gezielt an die Stadt zu binden, hier hat der Senat in den letzten Jahren immerhin die lebendige Szene als „Kulturwirtschaft" für sich entdeckt. Wobei in dieser „Kulturwirtschaft" des Senats irgendwie alles durcheinander fällt:

Buch- und Presseverlage mit IT- und Softwarefirmen, Musikwirtschaft mit Kunstmarkt, die Werbung und die Architektur mit der Film- und Fernsehbranche und der Mode etc. pp. Weil da keiner eine auch noch so kleine Gemeinsamkeit feststellen kann, erfolgt das Verständnis dieser „Kulturwirtschaft" zwangsweise aus ökonomischem Blickwinkel. Der Senat blickt also auf Unternehmen, Umsatz und Zuwachsraten. Im Fokus steht, wer mit Arbeitsplätzen winken kann. Der Urbane Penner kann dagegen höchstens mit seiner Arbeitslosigkeit drohen. Als Fußvolk dieser Kulturwirtschaft können wir von einer solchen Initiative also wenig profitieren, sie geht mehr oder weniger an uns vorbei. Aber in Berlin hat es ja seit jeher Tradition, das Potential der kleinen Leute zugunsten des falschen Traums des bürgerlichen Establishments zu verkennen. Auch darüber muss geredet werden.

Mein nächstes Gespräch habe ich am Abend im Hackbarths in Mitte. Wer sich noch daran erinnert: Früher war man sich nicht sicher, was man von dem Laden halten sollte, denn das Hackbarths war in den Neunzigern dort die Speerspitze der Gentrifizierung. Das einzige legale Cafe in einer verfallenen Post-Ost-Umgebung, deren leer stehende Häuser man mit Kunstprojekten und Dienstagsbars zwischennutzte. Das war gestern – heute gibt es in den Hackeschen Höfen professionelles Amüsement zwischen Starbucks und Programmkino und das Hackbarths ist nur noch ein kleiner verlebter Laden in einer Seitenstraße. Es gibt dort kein Funknetz, also auch keine Laptops und also auch keine Urbanen Penner. Dafür kann man hervorragend in Ruhe Zeitung lesen. Genau dort treffe ich Ariane Müller, Herausgeberin der Kunstzeitung Starship, die ebenfalls in Berlin lebt, aber – wie könnte es anders sein – woanders arbeitet, nämlich in Wien. Dort vernetzt sie für die Stadt im Rahmen eines internationalen Uno-Programms kommunales Wissen rund um das Thema Stadtorganisation. „Berlin“, sagt Ariane Müller, „ist auch heute immer noch proletarisch, man kann jedoch sehen, wie die Stadt konstant in eine bürgerliche Stadt umdefiniert werden soll. Bild und Realität klaffen dabei jedoch meilenweit auseinander und weil sie nicht ins Bild passt, wird die Berliner Bevölkerung behandelt, als wären es unzufriedene marodierende Fremde, die rein zufällig hier wohnen.“ Umgehend finden wir dafür Beispiele, etwa: Verkehrsbetriebe anderer Städte verweisen in ihrer Werbung gerne auf komfortable, sichere und schnelle Beförderung. Die BVG dagegen adressiert in ihrer Werbekampagne die Berliner Bürger als schlecht erzogene Kinder und ermahnt sie, nicht auf dem Bahnsteig zu rauchen. Schmackhaft macht man die eigene Dienstleistung wenn dann nicht den eigenen Bürgern, sondern den Touristen, indem man ihnen die Anfahrt verschiedenster Sehenswürdigkeiten anpreist.

Arm, aber sexy

Überhaupt, der Tourismus. Er ist der einzige Wirtschaftszweig, der in Berlin boomt, schon seit Jahren und kontinuierlich. Anders als nach London oder Paris kommt man nach Berlin jedoch nicht, um einzukaufen. Man kommt, um die vorhandene Berliner Stadtkultur zu durchstreifen. Und um sich zu amüsieren. Tatsächlich hat Berlin kulturell gesehen eine atemberaubende Infrastruktur. Und die verdankt es uns. Den Urbanen Pennern. Egal ob es Clubs, Cafes, Restaurants, Galerien, Film, Konzerte oder Theater sind, egal ob junge Mode, Streetart oder elektronische Musik, in Berlin kann man was sehen und man kann sich amüsieren. Überhaupt: Man sollte mal versuchen, in irgendeiner anderen europäischen Großstadt auszugehen. In London oder Paris zahlt man schon für den Eintritt in einen Club soviel, wie man in Berlin an einem ganzen Abend verbraucht. In Berlin kann man leben. Bis auf unseren Bürgermeister, der neulich proklamierte, Berlin sei arm, aber sexy, hat das jedoch niemand begriffen. Tatsächlich wird man von der Stadt nicht ernst genommen, sondern behandelt, als wäre man eine bezuschusste Subventionswirtschaft. Dabei tragen wir mit unserer kleinteiligen Wirtschaft sicher mehr zum Bruttosozialprodukt bei als andere. Berlin schielt jedoch immer nach Großprojekten, weshalb das eigene Potential konsequent verkannt wird. Selbst wenn es groß ist. Ein Beispiel? Von der Loveparade kann man sicher halten, was man will, aber dass die Stadt damit frei Haus Millionen von jungen Leuten anlockte und international für sich werben konnte, das zählte nicht. Man stritt lieber über den Müll, den die Raver machten. Bei der Fanmeile der Fußballweltmeisterschaft redet davon – das ist doch irgendwie komisch – dann niemand mehr. Andere europäische Städte haben dagegen das Potential des Urbanen Pennertums schon lange begriffen. Die Stadt Barcelona etwa unterstützte während des Irakkrieges ihr Image als Demonstrationszentrum von Friedensaktivitäten und gab das Drucken von Plakaten in Auftrag, auf denen „Pace" stand. Auch Demonstranten sind Konsumenten.

Ganz einfach. In Berlin dagegen hat noch keiner den Wert dieser urbanen Kultur wirklich begriffen und oft glaube ich sogar, wir wissen selber nicht so genau, was wir da fabriziert haben. Klar ist aber: Weder die kulturelle Vielfalt noch ihre Erschwinglichkeit sind in dieser Stadt einfach so entstanden. Sie werden hergestellt.

Der Urbane Penner produziert diese Kultur, von der alle etwas haben, und er investiert in sie mit seinem niedrigen Lebensstandard. Der Urbane Penner ist der Grund dafür, dass wir alle nicht unter Bedingungen leben müssen, wie sie in London oder Paris herrschen. Das verdankt Berlin ihm. Wegen ihm haben wir gute Clubs, hervorragende Restaurants und einfallsreiche Modedesigner, die alle bezahlen können. Wegen ihm können wir es uns in dieser Stadt leisten, mit wenig zu leben. Das hat weit reichende Folgen für alle: Denn weil wir diese Möglichkeit haben, ist das Älterwerden in Berlin nicht zwangsweise von Besitzkonkurrenz im Sinne von „mein Auto", „mein Haus", „mein Boot" geprägt. Anders als in vielen anderen großen Städten werden die Leute hier von keinem unterschwelligen normativen Konsumzwang in Berufe abgedrängt, die sie nicht interessieren. Was gut ist. Nur ein Problem gibt es dabei, das eben bleibt: Diese Situation ist nicht entstanden, weil man eine Wahl gehabt hätte. Es gibt zu ihr derzeit keine Alternative.

Mercedes Bunz, geboren 1971, ist Journalistin und Kulturwissenschaftlerin; arbeitet zu den Themen Kultur, Neue Medien und Gesellschaft. Aktuell ist sie Chefredakteurin von Tagesspiegel-Online, davor Chefredakteurin des Berliner Haupstadtmagazins zitty und Mitbegründerung und Chefredakteurin von DEBUG.

Drei Pfund Kombilohn

Hartz IV im deutschen Wald

Bedingungsloses Grundeinkommen – ein Begriff, der in den letzten Jahren immer öfter auftauchte. Das Konzept ist einfach: Statt Arbeitslosengeld oder Sozialleistungen bekommt jeder Bürger monatlich einen bestimmten Betrag zum Leben. Den Anspruch hat er unabhängig von seiner sozialen Bedarfslage, egal ob Künstlerin mit wenigen Aufträgen, Familienvater oder Markenchefin, der Betrag bleibt der gleiche. Vom Drogeristen Götz Werner aufgebracht, verbreitet sich die Idee des Bürgergeldes und teilte die Öffentlichkeit in Befürworter und Skeptiker. Diese finden sich querbeet auch durch alle Parteien.

Hannes Weiler: „Was ist denn das überhaupt: Lohnarbeit und Kombilohn, diese ganzen abstrakten Begriffe, die uns jeden Tag entgegen schallen? Das klingt so, als müsste ich immer genau wissen, worum es geht. Und als wäre ich da Mitglied, bei Hartz-IV zum Bei-

spiel. Oder als könnte man sich an einem Stand etwas aussuchen: Drei Pfund von dieser Arbeit da hinten bitte und 'ne Tüte dazu …"

Was aber wären die Konsequenzen eines Grundeinkommens und welche Möglichkeiten bietet es? Ist es nur eine Utopie abseits der realen Verhältnisse? Ist das Recht auf Leben ein Recht auf Einkommen? Von solchen Fragen ausgehend, gestalteten Florian Dietrich und Hannes Weiler ihre künstlerisch-performative Projekte „Hartz IV im deutschen Wald" und „Hören soll stören".

Angemietete Reklametafeln verloren ihre eigentliche Funktion, denn dort, wo sonst kommerzielle Güter oder parteipolitische Interessen angepriesen werden, sollte ein öffentlicher Diskurs Platz haben. Der Betrachter, normalerweise in der Rolle des Konsumenten, sollte die Möglichkeit haben, an einer Sache, die ihn angeht, weiterzudenken. Die einzelnen Motive wurden auf ihren jeweiligen Standort abgestimmt und hatten unterschiedliche Aufgaben. Ein Motto lautete: „Das Grundeinkommen kommt nicht irgendwann. Es beginnt schon mit dem eigenen Denken". Zwei

Tage lang haben Schauspieler gemeinsam mit ihrem Publikum über das Thema Grundeinkommen gesprochen und gemeinsam Aktionen gestaltet. Auf einer Infotafel konnten Passanten ihrer Meinung Ausdruck verleihen. Man konnte so zum Beispiel lesen: „Der Mensch der Gegenwart ist eine Ware, die konsumiert und deshalb produziert werden muss. Ware konsumiert Ware, das ist abartig, das ist staatlich, das ist Kannibalismus. Das könnt ihr haben!"

Florian Dietrich sagt über die Resonanz auf sein Projekt: „Plakate haben keinen Ort, an dem sie besprochen werden. Daher kam die Resonanz auf die Aktion vor allem vom „Laufpublikum". Meistens ging es um die Idee des Grundeinkommens und weniger um das Projekt selbst. Was sich wohl am besten einprägte und im Gespräch immer wieder angemerkt wurde, war das Motto und auch das Engagement für das Grundeinkommen. Von der eingeladenen Presse kam leider fast niemand und soweit ich weiß, tauchte das Projekt auch nur in einer Zeitung auf. Dafür gab es spannende Gespräche mit Vertretern verschiedener Grundeinkommensgruppen, in deren Foren die Aktion angekündigt war.

Mehr Bedeutung als wir dachten, hatte die Frage, wer wir eigentlich sind, also, welchen Status wir haben. Wir wollten uns gar nicht festlegen, was zur Folge hatte, dass einige Menschen verunsichert waren, andere sich aufgefordert sahen zu mutmaßen: Bürgerinitiativen, Künstler, Freidenker, Studierende ..."

HÖREN SOLL STÖREN Aktion/Performance

Hannes Weiler, Berlin

Florian Dietrich (Bildende Kunst), David Leo (Bildende Kunst), Jörg Petzold (Schauspiel), Stefa Roth (Schauspiel)

ROBOSHOP

Deutschland 2046: Er träumt bei der Arbeit nicht, hat nie einen schlechten Tag, kein Handy, das mal klingelt und auch keinerlei Interessen neben dem Berufsleben. Nur eines haben du und ich ihm noch voraus, dem, der Tag und Nacht arbeiten kann, keinen Lohn verlangt und tausendfach denselben Handgriff fehlerfrei ausführt: Menschlichkeit. Es geht um Menschen. Um Maschinen. Und um Arbeit in der Zukunft. Was wäre, wenn die Bedienung unseres Lieblingscafé uns den Cappuccino immer mit demselben mechanischen Lächeln vor die Nase setzte? Wenn die neue Friseurin zwar einen hundertprozentig akkuraten Schnitt zustande brächte, aber keine Ahnung hätte, welche Farbe uns eigentlich steht? Wenn die Marktfrau uns die Äpfel schneller in den Korb packte, als wir gucken können, und sich dabei nie übers Wetter beschwerte?

Dem Thema „Arbeit in Zukunft" näherten sich Sophie Burger und Fabian Eck aus Karlsruhe, indem sie sich in das fiktive Jahr 2046 versetzten. In der Zukunft werden alltägliche Servicedienstleistungen von automatisierten Versionen der heute arbeitenden Menschen ausgeführt, vom „mensch version1.5".

Eine Reise durch Ecuador, auf der Burger und Eck eine unbekannte Arbeitskultur kennen lernten, in der billige Arbeitskraft noch Handarbeiten verrichteten, die bei uns längst automatisiert worden waren, inspirierte die beiden. Auch der Film „2046" des chinesischen Regisseurs Wong Kar Wai, in dem Androiden die Zukunft bevölkern, beeinflusste ihr Projekt. Es entstand die Idee, Karlsruher Bürger in Kontakt mit humanoiden Robotern zu bringen und diese in einer Arbeitssituation den menschlichen Mitarbeitern gegenüberzustellen. Hierzu wurden mehrere Gewerbebetriebe in Karlsruhe angesprochen. In der Buchhandlung, im Café, im Biosupermarkt und in einem Wochenmarktstand übernahmen Schauspieler die Rolle des „mensch version1.5" und versetzten den Roboter so in ganz alltägliche Arbeitssituationen. Wie soll sich der „mensch version1.5" nun präsentieren? Für den Kundenkontakt wurde ein Verhaltenskodex erarbeitet, an dem sich die Schauspieler orientierten:

Der „mensch version1.5" unterschied sich auf den ersten Blick nicht vom normalen Mitarbeiter. Er trug schlichte Kleidung und eine strenge Frisur. Die Schauspieler wurden im Vorfeld leicht geschminkt, um das Gesicht kantiger und symmetrisch erscheinen zu lassen. Jede Bewegung, die der „mensch version1.5" ausführen, sollte einen Sinn und ein konkretes Ziel haben. Unnötige Bewegungen fielen dadurch weg. Er soll Körper und Kopf immer gerade halten, in der Grundhaltung hat der Blick geradeaus zu gehen. Die Grundhaltung des „mensch version1.5" entspricht der einer freundlichen und offenen Person. Seine Bewegungen sollen fließend sein, jedoch langsamer als beim Menschen und zeitlich leicht versetzt erfolgen (je nach Situation wird erst der Kopf bewegt, dann die Beine, dann die Arme oder andersherum). Der „mensch version1.5" darf keinerlei Macken aufweisen.

Auf den Kunden soll er folgendermaßen reagieren: Der „mensch version1.5" verbleibt immer nur einige Sekunden in einer Situation oder Haltung. Lächelt er beispielsweise, so nimmt er in

DURCHSAGE:
Sehr geehrte Kundin, sehr geehrter Kunde, sie wurden soeben von unserem Prototypen Mensch Version1.5 bedient. Dieser Prototyp arbeitet äußerst effizient, schnell und genau. Leider fällt ihm der Umgang mit Menschen derzeit noch etwas schwer. Bitte haben Sie Verständnis.

einem abrupten Wechsel plötzlich wieder die Grundhaltung ein. Er bleibt stets freundlich, geduldig und hat auch sonst keine erkennbaren Launen. Er ist aber darauf programmiert seine Arbeit möglichst effizient zu erfüllen, was ihn manchmal etwas aufdringlich erscheinen lässt („Möchten Sie das Buch nun kaufen, oder nicht?"). Mit Themen außerhalb seines Einsatzbereiches kann er nichts anfangen, ebenso wenig mit Witzen und Sprichwörtern.

Kundenwünschen verifiziert er („Sie wünschen also..."). Er beherrscht bestimmte Floskeln, die er unweigerlich mit bestimmten Tätigkeiten verbindet (wenn er sich zum Beispiel zum ersten Mal an den Kunden wendet, sagt er „Guten Tag, wie kann ich Ihnen behilflich sein?", beim Überreichen der Ware sagt er „Bitteschön" usw.). Diese Floskeln werden in einem besonders freundlichen Ton gesprochen. Der „mensch version1.5" spricht korrektes Hochdeutsch und verwendet keine Abkürzungen. Er lässt häufig Fremdwörter einfließen, auch dann, wenn es nicht nötig wäre. Diese nimmt er als solche wahr und auf Nachfrage kann er sie lexikongerecht erklären.

Sie wollen also dieses Buch nicht kaufen? Sind Sie nicht fröhlich?

Die Aktion wurde begleitet von einer umfassenden Dokumentation, in der die Scahauspieler, Ladenbetreiber und Kunden befragt wurden. Die Kundin der Buchhandlung äußerte sich zum Beispiel folgendermaßen:

„Ich war mir zunächst unsicher, ob es nur ein Spaß sei, dass er so sprach wie eine Maschine oder ob er wirklich so war. Dann bemerkte ich, dass sich die Kollegin nebenan ein Lächeln nicht verkneifen konnte und eigentlich hatte ich mich nur bis zu diesem Moment richtig unwohl gefühlt. Aber es war schon eine seltsame Situation, vor allem durch die körperliche Präsenz des Schauspielers. Er kam zielgerichtet auf mich zu, mit einer steifen, aufrechten Haltung und wirkte auf mich sehr groß. Dass eigentlich ich größer war, realisierte ich erst im Nachhinein. Dann diese Art zu reden, langsam und überdeutlich, und die Rückfragen... Er sagte zum Beispiel in einem völlig neutralen Tonfall: „Sie wollen dieses Buch also nicht kaufen?" Da habe ich wirklich gedacht, man will mich auf den Arm nehmen. In einem fremden Geschäft hätte ich das nicht toleriert, aber hier gehe ich schon seit Jahren einkaufen und vertraue dem Laden."

Ist die Automatisierung in unserer Gesellschaft schon so weit fortgeschritten, dass es bis zum „mensch version1.5" nur noch ein kleiner Schritt ist? Wohl kaum. Dennoch werden uns im Alltag schon viele, früher selbstverständliche Dienstleistungen von Automaten abgenommen oder wir müssen sie selbst erledigen. Ob Bankautomat, Selbsttanken oder Paketstationen – viele Serviceleistungen werden per Outsourcing an den Kunden weitergegeben. Und warum eigentlich noch in überfüllte Stadtzentren fahren und sich durch Geschäfte wühlen, wenn man vieles einfach im Netz bestellen kann?

MENSCH VERSION/VISION1.5
Aktion/Performance
Sophie Burger und Fabian Eck, Karlsruhe

Doch die stetige Anonymisierung und das „Entmenschlichte" der Dienstleistung vermittelt auch ein Gefühl des Unbehagens und Befremdens. Hier setzt die Erfindung des „mensch version1.5" an und führt diese Entwicklung ad absurdum. Aber wer weiß, vielleicht ist er nur eine ganz harmlose Variante dessen, was uns wirklich im Jahre 2046 erwarten wird.

DAS SUPATOPCHECKERBUNNY MEINT:

Ich fande es ja mal ganz interessant, wenn ein Roboter mir ein bisschen was abnehmen wurde an Arbeit, gerne auch an nicht bezahlter Arbeit, wie zum Beispiel Staubsaugen! Allerdings ist mir aufgefallen, dass die Roboter hier im Grunde eigentlich auch nur Menschen waren, wenn auch Schauspieler. Experiment bitte noch mal mit echten Robotern wiederholen!

Frithjof Bergmann

Die Neue Arbeit

Ein alternativer Ansatz zur wirtschaftlichen Entwicklung

Ausgangspunkt: Jobs, die durch die Globalisierung der Wirtschaft und technologische Fortschritte verdrängt wurden, kehren nicht zurück. Obwohl die Bemühungen, für die wirtschaftliche Entwicklung neue Jobs zu schaffen und dafür zu schulen, fortgesetzt werden müssen, ist es ein schwerer Fehler zu denken, dass diese Anstrengungen den flächendeckenden Druck auf alle Aspekte der Arbeit beenden können. (Steigende Anforderungen bei sinkenden Löhnen, mehr Stress, zunehmende Kontrolle, wachsende Geschwindigkeit, gekürzte Versicherungen, Renten und Ferien, weniger Absicherung, geringere Entschädigung bei Arbeitslosigkeit, etc.) Die Wirtschaft so wie sie jetzt konstituiert ist kann diese schon seit Jahren nach unten drückende Schraube nicht aufhalten. Das Grundprinzip der modernen wirtschaftlichen Entwicklung ist, neue Technologien und Fähigkeiten zu nutzen, um die Jobanzahl zu verringern. Trotz aller Bemühungen das Wachstum zu forcieren wird sich die Arbeitsmarktsituation deshalb stetig weiter verschlechtern.

Darum müssen wir anders an das Problem herangehen.

Die Grundidee: Die Neue Arbeit ist ein systematischer Ansatz für eine grundsätzlich andere wirtschaftliche Entwicklung, (die z.B in „Hallen") drei sich gegenseitig stärkende Formen der Arbeit, unter zu Hilfe nahme von fortschrittlichen Technologien, vorwärts bewegt:

1. Arbeit die die Lebenshaltungskosten verringert
Alltägliche Ausgaben werden reduziert, indem man unter anderem modernste Technologien benutzt, um größere Teile von den Dingen, die für ein angenehmes, „cooles," modernes Leben notwendig sind selber gemeinschaftlich herstellt. (z.B.: billiger Telefonieren – über das Internet, billiger gemeinschaftlich einkaufen, Kinderbetreuung effizienter arrangieren, aber auch Elektrizität, Treibstoff, Möbel sel-

ber dezentral herstellen, die monatlichen Kosten für das Auto auch für die Miete durch Arbeit in eigenen Werkstätten herabsetzen.)

2. Arbeit die Verdienste durch neue Unternehmen schafft

Mittelgrosse dezentralisierte Geschäftsunternehmen bringen Geld, welches gebraucht wird, um das zu kaufen, was man nicht selbst herstellen kann. Die gleichen Methoden, die die modernen Lebenshaltungskosten verringern, schaffen auch diese Geschäftsmöglichkeiten. Es gibt grosse globale Märkte für Materialien, Technologien, und Herstellungsverfahren, die das Entstehen von wirtschaftlich selbstständigen Gemeinschaften, Nachbarschaften und Dörfern möglich machen. Die „Neue Arbeit" konzentriert sich auf die Erforschung, Betreibung und im Besonderen auch die Vernetzung dieser Geschäftsmöglichkeiten, und auf die Arbeit die dazu nötig ist.

3. Arbeit die im Ernst und im vollen Sinne des Wortes gewollt ist

Vom Ursprung an war die Entdeckung und das Fördern von dem Streben nach wirklich gewollter Arbeit eines der Hauptziele der „Neuen Arbeit." Wir versuchen Talente und Interessen, nach denen die Menschen wirklich streben, zu erkennen und zu stärken. Wenn man Menschen hilft, ihre wahren Wünsche und Interessen herauszufinden und sich dafür einzusetzen verbessert ihre gesamte Lebensqualität: sie leben mit größerer Freude, sie werden gesünder und das Leben hat für sie wieder Sinn.

Ein konkreter Vorschlag: Unsere bisherigen Erfahrungen zeigen dass das Bilden einer kleineren Gruppe um ein „Zentrum" oder auch eine „Halle" wohl die praktischste und effizienteste Art ist die „Neue Arbeit" nicht nur zu denken sondern es schrittweise dazu zu bringen das man sie auch tut und lebt.

Die Aufgabe der Neuen Arbeit: Die „Neue Arbeit „als eine Organisation fördert alle drei dieser Ideen (Lebenshaltungskosten senken, ein Geschäftseinkommen schaffen und eigene Lebensaufgaben verfolgen) auf die gleiche Art wie „Franchises" . Wir schaffen startbereite Ansätze für einen Neuanfang, unterstützen die laufenden Arbeiten und Verfahrensweisen, die Schulung und Ausbildung, zur „Neuen Arbeit" aber auch die dezentralisierten Herstellungsmethoden, und das Fuß fassen in globalen Märkten.

Ein Ort, an dem man arbeiten kann. Und möchte.

Lieber Leser. Du bist selbständig? Würdest es gerne sein? Studierst? Strickst in deiner Freizeit gern Pärchenhandschuhe? Sitzt viel vor deinem Apple-Laptop? Gibst Seminare? Arbeitest im neudeutschen Home Office? Und wenn du es da zwischen Bett und Schreibtisch nicht mehr aushältst auch in deinem Lieblings-Café mit WLAN, wo es dir dann aber nach kurzer Zeit zu laut wird? Du brauchst ab und zu einen Ort für (Arbeits-) Besprechungen? Für dein geniales Web2.0 Superprojekt suchst du noch einen talentierten Texter? Oder du bist genau dieser? Die letzten Mahnungen vom Finanzamt haben dir deutlich gemacht, dass du dringend einen Steuerberater mit eingebauter Buchhaltung brauchst? Deine Bürogemeinschaft streitet sich darum, wer das Klo saubermacht? Dein 100qm Friedrichshainer Ladenbüro ist dir eigentlich viel zu teuer? Deine Kaffeemaschine kann keinen Latte? Du fühlst dich einsam zwischen deinen kahlen Bürowänden? Du brauchst dringend jemanden, der dir mal den Unterschied zwischen Twitter und Skype erklärt?

Solltest du auf eine dieser Fragen mit ja geantwortet haben, könnte dieses ominöse Ding, das da unter Begriffen wie Halle, 9to5 oder einfach nur „der Ort" seit einer Weile durch die Lande schwebt, für dich sein.

Die ganz ganz einfache Version: Eine Halle ist ein Ort, an dem man arbeiten kann.

Dort gibt es Schreibtische, Strom, WLAN, Drucker usw. für die Schicht der Laptopschlepper, dort kann es aber genauso gut Werkstätten für Designer, Bastler, Stricker, Architekten, Schrauber, Filmemacher, Elektronikbastler und wasweißichalles geben. Und eine Kinderspielecke.

Eine Halle ist aber auch ein Ort für die Zeit nach der Arbeitszeit, manche nennen es Freizeit: in einer Halle kann man so viel Latte und Cappucchino bekommen wie man bezahlen kann – manche nennen es ein Café.

Eine Halle ist auch ein Ort, an dem man sich treffen kann: Ganz businessmäßig im Konferenzraum, ganz stylomäßig im Cafébereich oder ganz casual-mäßig im Chillout-Arbeitspausenbereich. Oder ganz arbeitsam-mäßig zwischen und auf Schreibtischen sitzend. Denn in eine Halle gehen viele verschiedene Leute. Und es werden jeden Tag andere sein. Die meisten davon gehen ganz selbständigmäßig ihrem Beruf nach. Und wenn der Grafiker seine externe Festplatte aus Versehen vom Tisch und damit all seine Daten ins Nirvana fegt, dann hätte er mal lieber den Informatiker am Nachbartisch nach einer geeigneten Backuplösung gefragt. Der hätte ihm dann sagen können, dass diese Halle neben Drucker und Fax vielleicht auch Backups für die Daten ihrer Mitglieder anbietet. Immerhin kann der Informatiker sich von dem Grafiker jetzt noch ein Logo für sein neuestes Projekt designen lassen, und sich der Grafiker von dem Geld dann eine neue leere Festplatte kaufen.

Der Grafiker und der Informatiker bezahlen übrigens jeden Monat eine Art Mitgliedsbeitrag, der ihnen vollen Zugang zu allen Bereichen der Halle ermöglicht. Die junge Dame da vorne am Cafétisch macht das noch nicht – aber Latte trinken darf sie trotzdem. Aber auch sie wird sich anstecken lassen von der Atmosphäre eines Ortes voller kreativer Menschen, die dort jeder für sich aber trotzdem irgendwie alle zusammen ihrer Arbeit nachgehen.

Ein Ort, an dem Menschen und Tiere sich wohlfühlen.

Nachher wird hinten im großen Konferenzraum noch Stirb Langsam 4 gezeigt. Und morgen spielt im Café dieser Typ mit seiner Gitarre und singt von seinen Abenteuern während seiner Fußdurchquerung Australiens – nur der Informatiker muss noch bis 4 Uhr morgens arbeiten – Club Mate steht genug im Kühlschrank.

Fortsetzung folgt – auf Hallenprojekt.de. Hoffentlich auch durch dich, liebe Leserin.

Alexander Lang

Wem gehöre ich in meiner Freizeit?

Hätten Sie heute gerne frei?

Eigentlich kann man ja nur Sklaven freikaufen. Was aber passiert, wenn man Berliner Passanten anbietet, sie für einen Nachmittag von ihrer Arbeit freizukaufen und ihnen dafür freie Zeit zur Verfügung stellt? Wie reagiert der Arbeitgeber, wenn ihm ein Angestellter für einen Nachmittag abgekauft werden soll, „nur" um im Café zu sitzen oder spazieren zu gehen? In ihrem Projekt „Kauf dich frei" hat die Regisseurin Birgit Kribben diese Situation zu Realität werden lassen.

„Ich würde Ihnen gerne Freizeit schenken!" Das waren die Worte, mit denen der Moderator Thorsten S. Wiedemann Passanten ansprach und Ihnen anbot, sie frei zu kaufen. Birgit Kribben begleitete ihn mit der Kamera.

Der so entstandene Kurzfilm, zeigt, dass es gar nicht so einfach ist, Menschen auf der Straße mit so etwas immateriellem und privatem wie Freizeit zu beschenken. Der Moderator hatte stets ein Bündel Geldscheine dabei, das zu verschenken wahrscheinlich einfacher gewesen wäre. Stattdessen bot er das Bündel verschiedenen Arbeitgebern an, einem Fahrradhändler oder einer Kioskbesitzerin, um deren Angestellten einen freien Tag zu ermöglichen.

Während der Dreharbeiten wurden etwa 30 Menschen angesprochen, von denen fünf wirklich freigekauft werden konnten: ein Angestellter eines Schokoladen-Fachgeschäfts, eine Verkäuferin vom Weihnachtsmarkt, ein Aquaristik-Experte, ein Musiker und ein Praktikant. Aus dramaturgischen Gründen wurden nur die drei erstgenannten „Freikäufe" in den Film aufgenommen. Zu sehen sind aber auch einige gescheiterte Versuche.

Die meisten der Angesprochenen schienen sich in ihrem Arbeitsumfeld wohl zu fühlen und empfanden es nicht als Geschenk, unvermittelt ihre Arbeits- durch Freizeit ersetzen zu können. Ein Passant, der sich als Mitarbeiter der EU-Kommission vorstellte, erwiderte zum Beispiel auf die Frage, ob er denn gar keine Freizeit haben wolle: „Nicht mehr als ich jetzt habe, ich bin voll zufrieden mit dem was ich mache. Meine Arbeit macht mir so viel Spaß, da möchte ich einfach dabeibleiben." Als Sklave schien sich niemand zu fühlen. Auch diejenigen, die sich auf das Angebot einließen wie zum Beispiel der Pralinenverkäufer bekannten freimütig: „Arbeit ist fur mich wichtig, auf jeden Fall. Sie diktiert mein Leben hundertprozentig und organisiert mich."

Birgit Kribben berichtet über ihre Erfahrungen bei den Dreharbeiten: „Wir hatten uns auf Ablehnung oder zumindest auf Unverständnis eingestellt. Die Grundhaltung der Interviewten unserem Projekt gegenüber war dann aber durchaus positiv. Unsere Erwartungen haben sich diesbezüglich also nicht erfüllt. Zweifellos liefert die Rezeption von ähnlichen Formaten im Fernsehen

Moderator. „So wie im Sport. Stellen Sie sich vor: Fußball. Ich bin Barcelona oder Chelsea: Ich zahle eine Ablösesumme für Sie. Mit dem Unterschied, dass Sie noch nicht einmal Fußball spielen müssen. Sie können natürlich, wenn sie wollen ... Sie müssen aber nicht. Verstehen Sie? Es geht darum, dass Sie jetzt nicht weiterarbeiten müssen. Ich versuche Freizeit für Sie zu erfeilschen. Ich bezahle bei Ihrem Chef, Sie nehmen sich frei. Sie müssen sich nur Freizeit nehmen und wir gucken Ihnen eine Weile dabei zu."

oder Kino einen gewissen Erfahrungshintergrund. Der Inhaber des Fahrradladens etwa berichtete von einem Fernsehbeitrag eines Privatsenders, in dem seine Leistungen geprüft wurden und stets wiederholten sich die Fragen, für welchen Sender wir arbeiteten oder von welcher Filmhochschule wir kämen."

Moderator: „Das ganze Leben frei, das wär' doch was!" Aquaristikhändler: „Früher auf dem Bau, da hat man sich mal gefreut über ein paar Tage frei, aber spätestens nach einer halben Woche ging's los, kribbeln und wieder arbeiten."

Der Reiz dieses Filmbeitrags besteht in der Umkehrung der gewohnten ökonomischen Logik. In unserer Gesellschaft ist es selbstverständlich, für abgeleistete Arbeitszeit zu bezahlen, nicht aber für Freizeit. Vielleicht haben viele Passanten auch ablehnend oder verwirrt reagiert, weil das Angebot des „Freikaufens" die Abhängigkeiten deutlich macht: Während der Arbeitszeit gehöre ich meinem Chef und freie Zeit bekomme ich nur, wenn ich ihm dafür Geld gebe. Das ist ein unangenehmes Gefühl. Doch auch den Chefs schien das Offenlegen dieser Hierarchien nicht angenehm zu sein. Wie wohl die Welt aussähe, würde man nur für abgeleistete Freizeit entlohnt?

FILM KAUF DICH FREI
Birgit Kribben (Regie/Schnitt/Produktion), Henriette Gallus (Regieassistenz), Julian Landweer (Kamera), Thorsten S. Wiedemann/Storno (Moderation)

DAS SUPATOPCHECKERBUNNY MEINT:

Hier wurde ja sehr schön herausgearbeitet, was es mit dem Verhältnis von Arbeit, Freizeit und Geldwert auf sich hat! So einiges nämlich! Unter anderem auch, dass Arbeitszeit nicht immer gleich mit Geld ausgelöst werden kann, zum Beispiel, wenn kurz vor einer Premiere noch geprobt werden muss. Eine verpatze Premiere lässt sich durch den monetären Gegenwert einer Probestunde nämlich nicht schön rechnen! Eat this, Kapitalismus!

WIE ARBEITET EIGENTLICH...

Eine Hallenserin in Essen

Als ich mein Abitur in der Tasche und alle Möglichkeiten vor mir hatte, fühlte es sich an wie in einem Loch.

Bis zu meinem Abitur 2006 an einem Sportgymnasium in Halle hat sich mein Weg einfach so gestaltet – da musste ich nicht viel entscheiden. Heutzutage macht schließlich jeder Abitur, um sich alle Möglichkeiten offen zu halten. Danach hatte ich aber, wie die meisten Anderen auch, schlichtweg keine Ahnung, was ich tun sollte. Zu viele Möglichkeiten zur Auswahl und keine Vorstellung von dem, was ich will.

Eines wusste ich allerdings – ich hatte keine Lust auf ein Studium, dafür war ich naturgemäß einfach zu faul. Dann blieb also nur eine Ausbildung übrig. Leider gab es auch da viel zu viele Optionen. Am Ende beschränkte ich mich aber wenigstens auf den kaufmännischen Bereich und bewarb mich im ganzen Bundesgebiet als Kauffrau für xyz.

Bald kam aber die große Ernüchterung. Selbst mit einem Abitur von 2,1 kamen unzählige Absagen auf meine 80 Bewerbungen. Zu so manch einem Bewerbungsgespräch wurde ich aber doch eingeladen und so reiste ich durch die halbe Republik, während meine Klassenkameraden im Abschlussjahr die Schulbank drückten.

Eines meiner Vorstellungsgespräche führte mich zu einem großen Energieversorger in Essen. Nach dem üblichen Bewerbungsprozedere, inklusive dem Gespräch über Zukunftsvorstellungen, Englischkenntnisse und Erwartungen, war ich doch sehr überrascht, als mir zwei Tage später eine Ausbildung als Industriekauffrau EU angeboten wurde.

Die Freude über das Angebot war groß, bis sich herausstellte, dass die Kosten und der Aufwand für einen Umzug für mich enorm waren. Das dann auch noch Extras wie Zweitwohnsitzsteuer etc. dazukamen, hat mich nicht gerade glücklich gestimmt und so manches Mal musste mein Sparkonto unter der Veränderung leiden. Irgendwie hat dann aber doch alles geklappt und ich habe mich nach ein paar Monaten auch mit Essen und meinem neuen Job arrangiert.

Später habe ich mir noch einmal eine Unterbrechung gegönnt und bin für drei Monate nach England gegangen. Ich habe an der Universität in York gearbeitet und mit einem Sprachkurs gezielt meine Business-Englischkenntnisse verbessert. Aber auch hier hat sich leider nicht alles einfach gestaltet. Weil der finanzielle Aufwand mal wieder groß war, musste ich zusätzlich in einer Bar arbeiten und hatte somit eine 65-Stunden-Woche mit zwei Jobs. Trotz aller Widrigkeiten hatte ich aber die Möglichkeit, Land und Leute kennenzulernen.

Die Zeit in York gab mir nicht nur die Chance Neues zu lernen und an meine Belastungsgrenzen zu gehen, sondern auch die Gelegenheit, mir Gedanken zu machen, was ich eigentlich will. Erst in der Zeit habe ich für mich erkannt, dass ich noch ein Studium nach der Ausbildung machen will.

Auch, wenn es eine gewisse Zeit gedauert hat und mir so manche Hindernisse im Weg standen, so hat mir doch der Weg von Halle nach York über Essen gezeigt, welche Möglichkeiten ich habe und welche ich davon eigentlich wählen will. Für mich haben sich die Umwege gelohnt.

WEITERFÜHRENDES

Zum Nachlesen
Klassiker zum Thema Arbeit

Jeremy Rifkin
Das Ende der Arbeit und ihre Zukunft. Neue Konzepte für das 21. Jahrhundert
„Das Informationszeitalter wird der massenhaften Lohnarbeit den Garaus machen", schreibt Rifkin. Korrekt. Doch wo und wie stattdessen gearbeitet weden soll, weiß Rifkin nicht zufriedenstellend zu beantworten. Gut so – deshalb erscheint nun unser Buch.

Fritjhof Bergmann
On beeing free
Arbeit, die man wirklich, wirklich will. Seit Jahren kämpft Bergmann gegen die milde Krankheit Lohnarbeit. Bisher ein Kampf gegen Windmühlen

Hannah Arendt
Vita activa oder Vom tätigen Leben
Tätiges Leben ist mehr als Arbeit und Konsum. Denn merke: die Politik gehört auch mit bei.

Karl Marx
Das Kapital
Wichtigstes Buch der Welt, nach oder neben der Bibel. Führte sogar zu einem großen Ostblock, der aber dann nicht viel mit dem Buch zu tun hatte.

Ulrich Beck
Risikogesellschaft. Auf dem Weg in eine andere Moderne
Nach der Postmoderne kommt die Moderne zurück, sieht aber diesmal besser aus. Auch in der Arbeitswelt.

Paul Lafargue
Das Recht auf Faulheit
Arbeitsverweigerungsanleitung von Marxens Schwiegersohn. Sie erschuf bislang noch keinen Ostblock. Leider.

Georg Weerth
Humoristische Skizzen aus dem deutschen Handelsleben
Menschen in einem Kontor vor und während der gescheiterten Revolution von 1848. Weerth hat sie alle karikiert, vom Büroboten bis zum Chef. Bemerkenswert: 160 Jahre später sitzen immer noch die gleichen Typen in Büros.

Herman Melville
Bartleby, der Schreiber
Eine Erzählung aus der Zeit, als die Wallstreet noch unbekannter war. Bartleby zeigt höflich radikale Arbeitsverweigerung. Ein Lehrstück über Arbeit und Depression.

Bertolt Brecht

Der gute Mensch von Sezuan

Kann man erfolgreich Handel treiben und ein guter Mensch sein? Die Antwort: Nein. Die Frage, warum man ein guter Mensch sein sollte, bleibt indessen offen.

Charles Chaplin

Moderne Zeiten

Ein Industriearbeiter bleibt stumm und dreht durch. Ein Film, kein Buch. Dieser Film aber sagt mehr als tausend Worte.

Elfriede Jelinek

Die Liebhaberinnen

Siebziger Jahre, Frauen aus der Unterschicht. Ob in der Miederwarenfabrik, am Herd oder im Bett, Arbeit ist hier alles, was keine Freude macht. Also alles.

Erika Runge

Bottroper Protokolle

Die Interviews mit Arbeiterinnen und Arbeiter sind eine Art „Ganz unten" ohne Günther Wallraff. Daher angenehm zu lesen.

Rudolf Lorenzen

Die Beutelschneider

Ein Zyniker arbeitet bei einem Aufschneider, beide machen Werbung. Und leben von einem einzigen Auftraggeber. Wir lernen: Auch zur Zeit des westdeutschen Wirtschaftswunders hatte man Angst vor der Arbeitslosigkeit. Und machte die gleichen Faxen wie heute.

Bernd Cailloux

Das Geschäftsjahr 68/69

Ein Roman über das Disco-Arbeitsleben jenseits der Festanstellung, aber mit tollen Hippie-Drogen. Das führte zu Reichtum, Ärger und schmerzhaften Trennungen. Ist allerdings die Erfahrung wert.

Jürgen Kiontke

Little Class

Ein autobiographischer Roman über einen, der als Autowäscher, Studentenberater, Stromableser, bei McDonald's, bei der Zeitung und für Erotik-Fernsehshows arbeitet, arbeitet und arbeitet. Logo: Er wird völlig verrückt. Doch nur so kommt er raus aus der Nummer.

Johannes Ullmaier (Hrsg)

Schicht

Beinahe alle, heute zurecht den Schreibgriffel führen dürfen, haben für diesen Band Arbeitsreportagen verfasst. Manchmal lustig, manchmal traurig, meistens schlau. Und nachher weiß man genau wie man und wie man nicht leben will.

Literatur von Autoren dieses Buchs

Holm Friebe, Sascha Lobo
Wir nennen es Arbeit. Digitale Bohème oder Intelligentes Leben jenseits der Festanstellung
303 Seiten, Heyne, 2006 · Hörbuch: Hoffmann und Campe, 2006

Ein Manifest nennen es manche, andere schütteln den Kopf. In jedem Fall geben Holm Friebe und Sascha Lobo hier eine Hommage an das moderne Leben in einer anderen Farbe: die digitale Bohème. Diese definiert sich über eine andere Sicht auf Arbeit und die Herangehensweise ans Geldverdienen. Friebe und Lobo definieren ihre Bevölkerungsgruppe, zeigen Möglichkeiten und Grenzen dieses Lebensstils auf und schauen auch zurück auf die Geschichte der Bohème. Welche Kommunikationsformen benutzen diejenigen, die so arbeiten, wie sie leben wollen, und umgekehrt, und was sind die neuen Büros? Vom Café über neue Publikationsformen wie Blogs, von Vernetzung und Zeitmanagement ist die Rede in dem Buch, das 2007 sogar zu einer Großveranstaltung führte: dem „9to5 – Wir nennen es Arbeit"-Festival-Camp.
Vom Festangestellten will man sich nicht nur distanzieren, man möchte sich unterscheiden, denn: „Irgendwann lacht er nicht mehr nur über die Witze des Chefs, er findet sie sogar lustig."

Holm Friebe, Kathrin Passig
Das nächste große Ding.
Neues von den Fronten des Fortschritts
144 Seiten, Rowohlt, 2007

Fortschritt ist das Thema, das monatlich von Kathrin Passig und Holm Friebe in der Berliner Zeitung besprochen wurde. Die Kolumnen finden sich nun zusammengefasst in diesem Buch und erscheinen als Spielwiesenforum für den journalistisch tätigen Volkswirt und die im Internet aufgewachsene Autorin. Beide haben natürlich noch andere Spezialfelder, funktionieren aber hier sehr gut zusammen. Sie beschreiben die Veränderungen des Alltags unserer Zeit und erklären uns die digitale Zukunft, die viel schneller Gegenwart sein wird, als wir vielleicht denken.

Kathrin Passig, Aleks Scholz
Lexikon des Unwissens. Worauf es bisher keine Antwort gibt
256 Seiten, Rowohlt, 2007

Bekommst du einen Schnupfen, wenn ich dir ins Gesicht niese? Keine Ahnung. Diese Frage und viele andere sind bis heute von der Wissenschaft nicht zu beantworten. Um genau solche antwortlosen Fragen kümmern sich Kathrin Passig und Aleks Scholz, indem sie sie gesammelt und aufgeschrieben haben. Und hinterher ist man auch nicht schlauer als vorher, aber geordneter. Und das ist ja auch schon mal was. Was wissen wir nicht und was glauben wir zu wissen, obwohl wir es nicht tun – Fragen zu Mensch, Tier und Technik werden in diesem Buch formuliert, aber nicht beantwortet, Wissenslücken aufgetan, aber nicht geschlossen. Auf dass sich ein paar Wissenschaftler dieser Rätsel endlich einmal annehmen. Dann könnte man irgendwann eine zweite Ausgabe herausbringen. Bis dahin verstreicht wohl aber noch ein bisschen Zeit. Wieviel? Auch diese Frage bleibt offen.

Jörn Morisse, Rasmus Engler
Wovon lebst Du eigentlich?
256 Seiten, Piper, 2007
Mehr zum Buch auf Seite 156

Anregungen zum Weiterdenken rund um Arbeit und Kultur

Art Safari. Kunst als Abenteuer

Der 1966 geborene Ben Lewis studierte Kunstgeschichte in Cambridge und Berlin, entdeckte für sich erst MTV und dann den Dokumentarfilm. In seiner von BBC in Auftrag gegebenen und von ZDF sowie ARTE mitproduzierten Serie „Art Safari" stellt er sechs zeitgenössische KünstlerInnen vor: Takashi Murakami, Maurizio Cattelan, Wim Delvoye, Sophie Calle, Matthew Barney, Santiago Sierra und Gregor Schneider. Ihnen begegnet er auf seine eigene ehrliche und ganz persönliche Art.

Mit Sophie Calle liefert er sich einen Briefwechsel und schlägt ihr neue, kleine Projekte vor, die sie zusammen machen könnten und durch die er hofft, noch mehr von der Person hinter dem Werk zu verstehen. Sophie Calle jedoch lehnt immer wieder ab. Die beiden spielen ein Spiel miteinander. Der Prozess dieses Spiels, der Austausch und Lewis' Suche im Umfeld von Sophie Calle werden von der Kamera dokumentiert und zu einem spannenden Portrait zusammengeschnitten, in dem man zwar nicht soviel von Sophie Calle sieht, aber trotzdem eine Menge über sie erfährt.

Ben Lewis:
Art Safari – Kunst als Abenteuer
(2DVDs), absolut Medien GmbH

Auch Maurizio Cattelan kann Lewis nicht einfach um ein Interview bitten. Zwar stimmte der Künstler einem Film über sich selbst zu, jedoch nur unter der Vorgabe, nicht persönlich darin zu erscheinen. Lewis reicht das jedoch nicht und am Ende hat er ihn mit Hilfe von persönlicher Spurensuche und spielerischer Annäherung doch vor die Kamera gebracht.

Die Kunst von Ben Lewis besteht darin, sich auf die Künstler einzulassen. Und dabei nimmt er den Zuschauer mit, ohne die väterliche und erklärende Hand auszustrecken, der man sich ja schnell verweigert. Und sein Talent besteht darin, zeitgenössische Kunst ohne abgehobenes Gefachsimpel zu betrachten und zu erschließen. Geradeaus und direkt wird gefragt. Bei der Auseinandersetzung mit den Werken und den Geschichten dahinter, beim Hinterfragen von

Emotionen und manchmal nur bei der stillen Betrachtung oder in vorsichtigen Gesprächen mit den Künstlern selbst – es ist, als hätte man neben sich einen guten Freund, dessen Neugier einen mitzieht, dem man von ganz allein folgt, weil man plötzlich angesteckt ist. Und das heißt nicht, dass Lewis in seiner Serie nur Künstler vorstellt, für die er selbst sehr schwärmt. In einem ARTE-Interview erklärt er: „Ich habe Künstler gewählt, die ich bedeutend fand, deren Positionen und Arbeiten mir wichtig und interessant erscheinen. Es gibt sogar Künstler in meiner Serie, die ich total schlecht finde – aber ich verrate nicht, welche.“ Er möchte die Erfahrung des Kunst-Betrachtens teilen und genau das ist es, was den entspannten, ungezwungenen Charakter der Serie ausmacht.

Lewis gibt einem nicht das Gefühl, belehrt zu werden, sondern man spapziert mit ihm zusammen durch ein weites Spektrum an Betrachtungsweisen und Ausdrucksformen. Lewis geht mit großen Augen voraus. Für ihn ist Art Safari „eine Serie, die das Spiel zum Gegenstand hat, das wir alle spielen, wenn wir Kunst betrachten“. Für den Zuschauer ist es reines Vergnügen.

Lisa Rank

How to be free

Nach der „Anleitung zum Müßiggang“ kommt nun mit „Der Kunst frei zu sein“ die Anleitung zur persönlichen Freiheit. Der Brite Tom Hodgkinson schildert hier Aspekte und Aktionen, die für ihn Inbegriff eines Handlungsspielraums sind, in dem man sich so weit wie möglich von äußeren Arbeitszwängen unabhängig machen kann. Ob man dazu jetzt wirklich auf's Land ziehen und Technik verdammen sollte, bleibt jedem selbst überlassen. Trotzdem hat Hodgkinson eine Aufstellung von Dingen gemacht, über die es sich nachzudenken lohnt. So wird einem beim Lesen bewusst, welche Träume man hat und worin die kleinen Freuden im Alltag bestehen, die nicht nur Hodgkinson durchhalten lassen. Und wer eine genaue Anleitung braucht, bekommt diese auch: Backt Brot, spielt Ukulele, freut euch des Lebens usw.

Tom Hodgkinson
Die Kunst, frei zu sein
382 Seiten, Rogner & Bernhard, 2007

Lisa Rank

Die Kunst vernetzt zu denken.
Ideen und Werkzeuge für einen neuen Umgang mit Komplexität

Frederic Vester
Die Kunst, vernetzt zu denken
372 Seiten, dtv, 2007

Wir denken immer geradeaus. Das müssen wir aber gar nicht, der Biochemiker, Kybernetiker und Wissenschaftsautor Frederic Vester (1925-2003) zeigt, dass man auch in komplexen Systemen „vernetzt" denken kann. Vester beschäftigte sich jahrzehntelang mit der Funktionsweise unseres Gehirns und unserer Art zu denken. Einer breiteren Öffentlichkeit wurde er 1975 mit dem Buch und der darauf aufbauenden Fernsehserie „Denken Lernen Vergessen" bekannt. In einer globalisierten Welt hängt alles mit allem zusammen, Prozesse und Entscheidungen bewirken Rückkopplungen, Spätfolgen oder Zeitverzögerungen, kleine Ursachen können große Wirkungen haben und umgekehrt, denn jeder Eingriff in ein komplexes System hat komplexe Konsequenzen. Um solche Vorgänge zu begreifen, reicht „lineares" Denken nicht mehr aus und führt nur zu Scheinlösungen. Vester entwickelte deshalb die Methode des „Sensitivmodells", welches die Gesetzmässigkeiten komplexer Prozesse systematisiert und verständlich macht und in Arbeitsschritten anhand von Praxisbeispielen anschaulich darstellt. Komplexe Regelungsvorgänge finden sich überall, ob in Unternehmen, urbanen Gesellschaften, Ökosystemen, Märkten, oder politischen Entscheidungsprozessen. Auch bei den Lebensentscheidungen eines jeden einzelnen kann vernetztes Denken zu überaschenden Einsichten führen und die versteckten Nebenwirkungen des Handelns aufdecken. Der Denkansatz von Frederic Vester wurde auch in die Berichte des Club of Rome aufgenommen.

Christoph Albers

Verschwendung – Wirtschaft braucht Überfluss.
Die guten Seiten des Verschwendens

Sparen, sparen, sparen: „Den Gürtel enger schnallen", so lautet seit Jahren das Dogma eines jeden Finanzministers. Der Bund der Steuerzahler findet in seinem jährlichen Bericht dennoch immer wieder erschreckende Beispiele staatlicher Ineffizienz und Verschwendung. Aber ist das Geiz-ist-geil-Denken des Staates an sich überhaupt eine effiziente Maxime? Erhöht z. B. das Zusammensparen des Sozialstaates die gesamtgesellschaftliche Wohlfahrt? Der Wirtschaftsjournalist und Gründer des Wirtschaftsmagazins Brand eins, Wolf Lotter, verteidigt in seinem Buch eine Kultur des Verschwendens. Für eine stabile und funktionierende Marktwirtschaft kann Verschwendung ein unerlässlicher Motor sein. Für Lotter ist Verschwendung nicht Vergeudung, sondern kann Produktivität und Innovation freisetzen. Verschwender schaden möglicherweise sich selbst, nützen aber immer anderen und ihr Verschwenden hilft dem Kapitalismus sich permanent neu zu erfinden. Sparprogramme hingegen versuchen immer den gegenwärtigen Zustand zu erhalten, sind aber selten die Auslöser wirtschaftlichen Aufschwungs. Wolf Lotter bietet in seinem Buch einen unkonventionellen Blick auf Wirtschaft und Gesellschaft jenseits der Welt von Sparaposteln wie McKinsey und Co.

Wolf Lotter
Verschwendung. Wirtschaft braucht Überfluß - die guten Seiten des Verschwendens
250 Seiten, Hanser, 2006

Christoph Albers

The Long Tail – der lange Schwanz.
Nischenprodukte statt Massenmarkt – Das Geschäft der Zukunft

Aus einer simplen Beobachtung leitet „Wired"-Chefredakteur Chris Anderson ein neues ökonmisches Paradigma von erstaunlicher Reichweite und Durchschlagskraft ab. Und zwar hat bei der Analyse der Kundendaten von Internet-Anbietern digitaler und hybrider Produkte (Musik, Videos, Bücher) festgestellt, dass diese je nach Markt bereits heute ein Drittel bis die Hälfte der Umsätze mit Produkten generieren, die im stationären Einzelhandel gar nicht verfügbar wären, weil die Lager- und Logistikkosten ihren Deckungsbeitrag übersteigen würden – Tendenz stark steigend. Wo durch virtuelle Lagerhaltung und intelligente Datenbankstrukturen die Sortimentstiefe ins unermessliche gesteigert werden kann, wird die Summe der Ladenhüter zusammengenommen auch ökonomisch interessanter als die wenigen Hits und Schnelldreher, auf die unsere gesamte Kultur

Chris Anderson
The Long Tail - Der lange Schwanz Nischenprodukte statt Massenmarkt. Das Geschäft der Zukunft
260 Seiten, Hanser, 2007

und das Wirtschaftsleben bislang fixiert waren.

Das lange Ende der Nachfragekurve, wo die Umsätze nahe Null liegen, aber niemals ganz die Nullinie erreichen, weil sich auch für das abseitigste Liebhaberprodukt irgendwann ein Käufer findet, wird zukünftig die Musik spielen. Ein weiteres wichtiges Detail von Andersons Bebachtungen ist die Tatsache, dass sich selbst diejenigen Menschen, die bei den Hits einsteigen, sich allmählich in eine Nische vortasten, wenn ihnen Mittels Empfehlungssystemen und kollaborativen Filtern entsprechende Hilfestellung geboten wird, und sich dort ganz offensichtlich wohler fühlen: „Die meisten von uns wollen mehr als nur die Hits. Der Geschmack von jedem weicht an der ein oder anderen Stelle vom Mainstream ab. Je mehr wir die Alternativen erforschen, desto mehr zieht es uns in ihre Richtung." Was für kulturelle Erzeugnisse gilt, gilt in wachsendem Maße auch für physische Produkte und Dienstleistungen, die über Internetmarktplätze vertrieben oder mittels Blogs bekannt gemacht werden. Die Nadelöhre und Flaschenhälse der „Mainstream"-Kultur, von der wir bislang annahmen, dass sie den Massengeschmack abbildet, könnten wegfallen und den Weg freimachen für eine Revolution der Nischen, die nicht nur eine größere kulturelle Vielfalt, sondern auch mehr Chancen für Sonderbegabungen „skurrile" Talente und abseitige Geschäftsmodelle birgt.

Holm Friebe

Wikinomics, Don Tapscott

Freiwillige Zusammenarbeit, Offenheit und Transparenz, eine Kultur des Teilens und globales Handeln. Das sind die vier Grundpfeiler von Wikinomics. Den Begriff hat der Kanadier Don Tapscott geprägt. Seine Wiki-Ökonomie – und das Buch dazu – beschreiben eine neue Form des Wirtschaftens mit revolutionären Formen der Zusammenarbeit. Menschen arbeiten nach der Vorstellung selbstorganisiert ohne Hierarchien und starre Organisationsstrukturen gemeinsam an Projekten: Von der Open Source Software-Entwicklung (z. B. Linux) über die Online-Enzyklopädie Wikipedia bis hin zur Aufschlüsselung des menschlichen Genoms

Don Tapscott, Anthony D. Williams
Wikinomics. Die Revolution im Netz
332 Seiten, Hanser, 2007

(Human Genome Project). Das Internet hat diese neue Form des Wirtschaftens ermöglicht, d. h. eine globale Infrastruktur geschaffen, die Kollaboration von vielen Köpfen zu extrem niedrigen Kosten ermöglicht.

Eine bestechende Idee eines Buches, das leider stark redundanten Charakter hat.

Thomas Ramge

Andere Projekte im Programm „Arbeit in Zukunft"

Die Kulturstiftung des Bundes widmet sich in ihrem Programm „Arbeit in Zukunft" den kulturellen Folgen des Wandels der Arbeitswelt. Dieser Wandel wird sich nicht nur auf individuelle Lebensentwürfe auswirken, sondern auch auf die gesellschaftlichen Leitbilder und Wertvorstellungen. Die verschiedenen Projekte in diesem Programm sollen die Diskussion über ökonomische, politische und soziale Aspekte des Wandels der Arbeit um Impulse aus Sicht von Kunst und Kultur ergänzen und erweitern. Sie entstanden in Zusammenarbeit von Künstlern, Kulturschaffenden und zivilgesellschaftlichen Initiativen.

Das Programm umfasst sechs von der Stiftung eigens initiierte Projekte zum Thema „Arbeit in Zukunft", die von 2006-20010 realisiert werden:

▸ eine Ausstellung über Gegenwart und Zukunft der Arbeit im Deutschen Hygiene-Museum Dresden (ab Juli 2009)

▸ die Kurzfilmrolle „mach doch was du willst", ist das Ergebnis eines Wettbewerbs, den die Kulturstiftung des Bundes in 2006 in Zusammenarbeit mit der KurzFilmAgentur Hamburg e.V. und ZDF/ARTE ausgeschrieben hat. Etliche der insgesamt 11 Filme sind inzwischen bereits, zum Teil sogar mehrfach, ausgezeichnet worden. Die Filme werden derzeit auf internationalen Festivals sowie in Kinos präsentiert

▸ WORK IN PROGRESS, in Zusammenarbeit mit den Freunden der Deutschen Kinemathek e.V Kinofestivals und Filmreihen mit regionalspezifischem Begleitprogramm in über 50 Spielorten in Deutschland

▸ ‚Schicht! Arbeitsreportagen für die Endzeit' – Gemeinsam mit dem suhrkamp Verlag hat die Kulturstiftung des Bundes Schriftsteller/

innen gebeten, in literarischen Reportagen über ihre Eindrücke von der heutigen Arbeitswelt zu berichten. edition suhrkamp 2508

▸ „Der 100.000 EURO JOB", ein Fonds, in dem Jugendliche Projekte einreichen konnten und selbst entschieden haben, welche gefördert werden sollen (Selbstförderfonds)

▸ ein antragsoffener Fonds (Einsendeschluss war Sommer 2006) – eine Jury hat aus zahlreichen Bewerbungen 13 Projekte ausgewählt, die sich durch überzeugendes Vermittlungskonzept auszeichnen und unterschiedliche - auch kulturfernere - Publikumskreise adressieren. Die Projekte werden derzeit an verschiedenen Orten in Deutschland präsentiert

Bei der Entwicklung des Programms ‚Arbeit in Zukunft' waren folgende Leitgedanken maßgeblich, die bei der Konzeption der einzelnen Projekte in unterschiedlicher Gewichtung zu berücksichtigen waren:
Der Zusammenhang zwischen Arbeits- und Lebenswelt soll bei allen Projekten im Mittelpunkt stehen. Die Projekte identifizieren Veränderungen der Arbeitswelt und untersuchen deren Auswirkungen auf das Leben des Einzelnen, auf Familien, auf das Geschlechter- und Generationenverhältnis und auf gesellschaftliche Leitbilder und Wertvorstellungen. Die Projekte sollen sich an ein breites Publikum richten und möglichst viele gesellschaftliche Gruppen einbinden. Sie sollen an vielen Orten in Deutschland sichtbar sein, aber auch auf regionale Besonderheiten eingehen. Den gemeinsamen Horizont aller Projekte im Programm „Arbeit in Zukunft" bildet die Frage nach einem gelingenden Verhältnis von Arbeit und Leben. Dies erfordert die Entwicklung neuer Konzepte, die – durchaus in utopischer Geste – bislang ungewohnte Bilder in unsere Vorstellungen von einem guten Leben lancieren.

Mehr zum Programm:
kulturstiftung-bund.de/arbeit

Biografisches zu den Autoren im 100.000-EURO-JOB-Buch

Christoph Albers
Autor, geb. 1970, lebt in Berlin.

Jörg Albrecht
Geboren 1981, Schriftsteller, lebt in Berlin. Schreibt Prosa, Theaterstücke und Hörspiele. Sein Debutroman „Drei Herzen" erschien 2006 im Wallstein Verlag. Zusammen mit dem Berliner Musiker Matthias Grübel/phon°noir als Duo phonofix gestaltet er Lesungen mit Musik und Hörspielarbeiten.

Frithjof Bergmann
Geboren 1944, ist Professor für Philosophie und Anthropologie an der Universität Ann Arbor in Michigan/USA. Schwerpunkt seiner Forschung sind praktische und philosophische Untersuchungen der Arbeitsgesellschaft. In den seit 1984 von ihm gegründeten „Zentren für neue Arbeit" wird versucht, seine Ansätze einer neuen Arbeitsgesellschaft in die Praxis umzusetzen. Als Berater ist er für Regierungen, Unternehmen und Gewerkschaften weltweit tätig. Frithjof Bergmann: „Die Freiheit leben", Arbor Verlag, 2005; „Neue Arbeit, Neue Kultur", Arbor Verlag, 2004.

Mercedes Bunz
siehe Seite 188

Don Dahlmann
lebt und arbeitet als freier Journalist und Autor in Berlin. Mehr Texte gibt es unter dondahlmann.de oder wenn man ihn zu einem guten Essen einlädt.

Flix
Geboren 1976, ist Comiczeichner und -autor und Cartoonist. Für seine Diplomarbeit „Held" (Carlsen Verlag 2003), in der er sein ganzes vergangenes und zukünftiges Leben beschreibt, erhielt er zahlreiche Auszeichnungen, unter anderem den Max und Moritz-Preis 2004. Seit 2002 zeichnet er die in verschiedenen Zeitungen erscheinende Cartoonreihe „verflixt!" („Verflixt!...und jetzt?!", Carlsen Verlag 2005). Seit 2005 zeichnet er für Spiegel online den tagebuchartige Comicstrip „Seitenwechsel".

Holm Friebe
Geboren 1972, ist Volkswirt und Journalist. Er ist Mitgründer und Geschäftsführer der Zentralen Intelligenz Agentur. Schreibt u.a.für Jungle World, Tageszeitung, Kon-

kret, Neon und Berliner Zeitung. 2006 erschein das gemeinsam mit Sascha Lobo geschriebene Buch „Wir nennen es Arbeit" (Heyne Verlag), welches freiberufliche Lebensmodelle und deren Perspektiven im digitalen Zeitalter untersucht.

Johnny Haeusler
Geboren 1964, ist seit 2002 Betreiber des medienkritischen Weblogs „Spreeblick". Er arbeitete als Musikmoderator für verschiedene Radiosender. Anfang der neunziger war er Frontmann der Band „Plan B". Als Mediendesigner gründete er die Firma defcom GmbH (-2003), sowie 2005 den Spreeblick-Verlag.

Markus Kavka
Geboren 1967. Moderator, Journalist, Autor und DJ, lebt in Berlin. Moderierte verschiedene Formate bei dem Musiksendern Viva und Viva 2, seit 2000 bei MTV. 2007 erschien die Kolumnensammlung „Elektrische Zahnbürsten" (Berlin- Verlag), ebenfalls 2007 die Veröffentlichung des Buches „Mach mir mal ne Nudelsuppe, bevor ich dich besudel, Puppe!" bei Rowohlt (mit Caroline Korneli).

Roland Krause
Roland Krause: Geboren 1972, ist Bioinformatiker am Max-Planck-Institut für Molekulare Genetik in Berlin. Zuvor hatte er einige Jahre in der Biotech-Industrie verbracht. Neben Protein-Protein-Interaktionen halten ihn bakterielle Gen-Regulation und –Organisation in Atem. Verschiedene Hobbys.

Caroline Korneli
siehe Seite 119

Anika Lindtner
geboren 1986. Schreibt, seit sie den Stift halten kann. Ab 2005 Texte für ihr Blog knallrosatagebuch.de und Kurzgeschichten für Lesebühnen. Mag nur grüne Gummibärchen und studiert in Berlin.

Jörn Morisse
geboren 1969. Freier Lektor, Journalist und Übersetzer. Mitbegründer der Zentralen Intelligenz Agentur. Veröffentlichungen: „Driving Home", Suhrkamp Verlag 2006 (mit Stefan Rehberger); „Gold Collection" Suhrkamp Verlag 2007 (mit Karsten Kredel); „Wovon lebst du eigentlich?", Piper Verlag 2007 (mit Rasmus Engler)

Kathrin Passig
Geboren 1970, Journalistin, Schriftstellerin, Übersetzerin und Webdesignerin. Lebt in Berlin. Mit-

begründerin und Geschäftsführerin der Zentralen Intelligenz Agentur. 2006 gewann sie mit der Erzählung „Sie befinden sich hier" den Ingeborg-Bachmann-Preis, sowie den Kelag-Publikumspreis bei den Klagenfurter Tagen der deutschsprachigen Literatur. Sie betreibt das mehrfach ausgezeichnete Weblog „Riesenmaschine". Veröffentlichungen: „Die Wahl der Qual", Rowohlt Verlag 2000 (mit Ira Strübel);" Das nächste grosse Ding", Verbrecher Verlag 2006 (mit Holm Friebe); „Lexikon des Unwissens", Rowohlt 2007 (mit Aleks Scholz); „Strübel & Passig", Verbrecher Verlag 2007 (mit Ira Strübel).

Lisa Rank
siehe Seite 93

Jochen Schmidt
Geboren 1970, Schriftsteller in Berlin. Mitbegründer der wöchentlichen Lesebühne „Chaussee der Enthusiasten". Veröffentlichungen (Auswahl): „Triumpfgemüse", Beck Verlag 2000; „Müller haut uns raus", dtv 2002; „Seine grössten Erfolge", dtv 2003; „Meine wichtigsten Körperfunktionen", Beck Verlag 2007

Sebastian Sooth
siehe Seite 228

Ulrike Sterblich
Geboren 1970. Als Supatopcheckerbunny moderiert sie gemeinsam mit Stese Wagner (Hilfscheckerbunny) seit 2004 regelmässig die erfolgreiche Show „Berlin Bunny Lectures" im Berliner Club nbi, die jedesmal einem anderen weltbewegenden Thema gewidmet ist. Das Buch zur Show wird 2008 im Fischer Verlag erscheinen. Sie schreibt ausserdem für das Berliner Stadtmagazin Zitty.

Frédéric Valin
Geboren 1982. Studiert Deutsche Literatur und Französisch in Berlin. Er schreibt außerdem für Spreeblick und gründete Anfang 2008 die Neuköllner Lesebühne „Ich fang nochmal an ..."

Klaus Cäsar Zehrer
Geboren 1969. Kulturwissenschaftler und Autor in Berlin. Seine Dissertation (2002) „Dialektik der Satire" befasst sich mit Robert Gernhardt und der Neuen Frankfurter Schule. Gemeinsam mit Gernhardt gab er 2005 die Anthologie „Hell und Schnell. 555 komische Gedichte aus 5 Jahrhunderten" heraus (Fischer Verlag).

Liste aller geförderten Projekte nach Orten sortiert

Altdorf / Bayern
Spiel des Lebens
Abitur – Studium – (kein) Job: Gleiche Voraussetzungen für alle. Doch bei den drei Protagonisten im Kurzfilm von Manuela und Team läuft es irgendwie anders.

Berlin
20 Minuten Freiheit: Die Podcast Oper
20 Minuten U-Bahnfahren, um zur Arbeit zu kommen, sind genau 20 Minuten Zeit, um sich Justins Oper anzuhören und anzusehen.

Berlin
Altwarp-Neuwarp (At)
In einer Komödie über Vorurteile und Gefühle verfilmen Tobias und sein Team, welche Entscheidungen ein Aushilfsjob auf einem Butterschiff mit sich bringt.

Berlin
Auf Speed... Auf Koks... Auf Arbeit
Arbeit als Einstiegsdroge, die soziale Kontakte vernachlässigen lässt und von der man schwer wieder loskommt. Die Website von Maja und Co. klärt über Risiken und Nebenwirkungen auf.
Berlin
Der Arbeitslosenstreichelzoo
Füttern verboten, Sprechen und Anfassen erwünscht! Im Streichelzoo von David und Co. werden verschiedene Gattungen von Arbeitslosen ausgestellt: Arbeitsscheu, Unterqualifiziert, ...

Berlin
Ein Blick von der Brücke von Arthur Miller
Das Land der unbegrenzten Möglichkeiten: Berlin – für viele Einwanderer ein Ort, um die Familie daheim zu finanzieren. Die Inszenierung von Sonja verdeutlicht die damit verbundenen Ängste und Träume.

Berlin
eye-dentity/Selbst-Portrait?
Wer nicht arbeitet, existiert nicht! Deshalb bekommt in einer Aktion von Marie jeder sein eigenes Gesicht – gemalt und im Spiegel.

Berlin
Forschungsreise zu den Alternativen
Ökodörfer und Landkommunen als optimistische Zukunftsprophezeiung – so sehen Beate und ihr Team ihr Leben in einem Dokufilm.

Berlin

Fremdkörper

Arbeit ist Misshandlung – zumindest, wenn Schmächtige Riesenlasten schleppen und Akademiker Salat ernten. Silvio fotografiert das System von Arbeitslosigkeit und 1-Euro-Jobs.

Berlin

Hören soll stören

Schauspiel als Modell gesellschaftlicher Arbeit: Auf einer offenen Bühne stellen Hannes und Co. gemeinsam mit Passanten den Widerspruch zwischen Interesse und Arbeit dar.

Berlin

Kauf dich frei!

Wer nimmt teil am Spiel mit Zeit ohne Arbeit als Gewinn? Birgit und Team begleiten drei Kandidaten, um herauszufinden, wer unentbehrlich ist.

Berlin

Kick your boss

Wir arbeiten aus Angst. Geht es nicht ohne? Johannes und seine Freunde filmen sich beim Arbeitsexperiment: Was passiert, wenn ein Café ohne Hierarchien geführt wird.

Berlin

Kulturarbeit

Die Arbeit für und mit Kultur – in Fotos und einem Film dargestellt dient das Projekt von Anne-Lu Erstsemestern als Ideenpool für ihre „Arbeit in Zukunft".

Berlin

MUT-MACH-MASCHINEN

Sensorische Fähigkeiten und kreatives Potential stecken in jedem von uns. Das macht Mut für eine Arbeitswelt, in der der Mensch überflüssig geworden ist, finden Michael und Cathrin.

Berlin

Stille Zukunftserwartung

Schwangerschaft: Arbeit und Zukunft so dicht beieinander und doch so weit entfernt. Witjas Dokumentarfilm portraitiert zwei werdende Mütter bis hin zur Jobsuche nach der Geburt.

Berlin:

TRASH and NARRATION.
eine interaktive Müllhalde

Dem Kreislauf von Arbeiten – Konsumieren – Wegwerfen zu entfliehen, das versuchen Joy und ihr Team mit ihrer interaktiven Müllinstallation, in der jeder selbst Hand anlegen kann.

Berlin

WAS IHR SOLLT und wie [H]einer die Welt sah

1948, 2006 – Der Vergleich der Situation auf dem Arbeitsmarkt von damals mit dem von heute macht Mut: Nichts muss bleiben, wie es ist. Und das zeigen Sarah, Florian und Thomas in ihrem Theaterstück.

Bonn / Nordrhein-Westfalen

Feierabend – Die Benennung des Absurden

Der Mensch und seine Träume – wie passt Arbeit da rein? Stephanie malt fotorealistische Szenen zum arbeitsalltäglichen Mensch-Ärgere-dich-nicht-Spiel.

Bremen

Warum mache ich einen Spagat?

Fünf gute Gründe für junge Mütter eine Ausbildung zu machen

Mit Video, Foto, Audio und Text portraitieren sich fünf junge Mütter gegenseitig. Ina beantwortet mit ihrem Workshop Fragen wie: Warum will ich arbeiten, wenn mein Kind zu Hause wartet?

Duisburg / Nordrhein-Westfalen

Utopie der Nicht-Arbeit: Die Zeitmaschine (nach H.G. Wells)

Elois aus Polen und Morlocks aus der deutschen Bronx treffen sich im Theaterstück von Tolga und seinen Freunden, um eine Welt ohne ausbeuterische Arbeit zu schaffen.

Düsseldorf / Nordrhein-Westfalen:

Hartz IV im deutschen Wald

„Arbeit entsteht aus Interesse und nicht aus dem Zwang zur Existenzsicherung!" Diese These skizziert Florian Mitte Oktober auf großen Reklametafeln in Mönchengladbach.

Eichstätt / Bayern

Staubexplosion – Jagd auf Kapitalisten durch das FBI

Auftragskiller bringen einen Staubsauger um. Christian klagt mit seinem Kurzfilm Unternehmen an, die durch ihre Billigproduktion Menschenrechte verletzen.

Frankfurt / Hessen

Arbeit Macht Kapital

ALG II-Empfänger als Filmstars. Klingt nett, ist von Paul und Jan aber aggressiv gemeint – als Gegenfilm zum Bildschirmfüller in der Mannheimer Agentur für Arbeit.

Halle (Saale) / Sachsen-Anhalt

Die Musikarbeiter

Strampeln für die Musik, denn ohne Strom läuft die Anlage bei Davids Performance nicht. Wenn das Arbeit ist, ist es das Konzert auch.

Hamburg
Systemkritik oder es war doch nur eine Flasche Wasser
Ein auf Körpern basierendes Versuchslabor, um sämtliche Arbeitszwänge und sich selbst zu überwinden. Die Performance von Markus und Veronika macht Widersprüche erfahrbar.

Karlsruhe / Baden-Württemberg
Mensch Version/Vision1.5
Menschliche Maschine oder maschinisierter Mensch. Wer uns möglicherweise in 40 Jahren im Café bedient oder Schuhe verkauft, ist Thema der Aktion von Sophie und Fabian.

Karlsruhe / Baden-Württemberg
Wer hat die Brezel gemacht?
Die Menschen hinter den Brezeln gehören in den Mittelpunkt der Brötchentüte. Elisabeth druckt Bilder vom Bauern bis zum Bäcker auf Papiertüten und bringt sie in Umlauf.

Köln / Nordrhein-Westfalen
work hard work
Rücksichtslosigkeit im Arbeitsalltag demonstriert der Videofilm von Kristina und ihrem Team. Grobe Werkzeuge greifen den menschlichen Körper physisch und psychisch an.

Leipzig / Sachsen
Feel the rhythm
Arbeitsmusik erklingt, wenn Christian den Rhythmus der heutigen Arbeitsprozesse in Videocollagen neu interpretiert.

Leipzig / Sachsen
Galerie am Körper
Buttons schreiben Geschichte, wenn Max sie gestaltet. Einer allein sagt ein Wort, mehrere hintereinander sind eine Erzählung.

Leipzig / Sachsen
Kontraste?!
Wer erkennt den Unterschied – zwischen Arbeitenden und Arbeitslosen? Christopher sucht ihn in Schwarz-weiß-Fotos und das Publikum findet ihn wieder ... oder eben nicht.

Leipzig / Sachsen
Später Arbeiten
Schüler und Arbeitende in Bedrängnis – zu frühes Aufstehen verringert ihre Leistungsfähigkeit! Raffael hält die Anti-Biorhythmus-Gesichter auf Fotos fest.

Lutherstadt Wittenberg / Sachsen-Anhalt
Album über Arbeit und Perspektiven
HipHop ist der Punk von heute.

Kritisch und massentauglich machen Tobias und Gregor aus jugendlichen Ansichten zum Thema Arbeit(slosigkeit) HipHop und Musikvideos.

München / Bayern
PPconsulting Prekär Potent
Obdachlose leiten Workshops für Manager. Fabian und sein Team dokumentieren dies und installieren parallel dazu multimediale Bildwelten.

Oldenburg / Niedersachsen
Ich und die Anderen
Aus Überlegenheit wird Leiden. In Amons Kurzfilm fällt ein Angeber durch seine Kündigung vom hohen Ross und erkennt, dass er etwas für seine Zukunft tun muss.

Oldenburg / Niedersachsen
JOB, JOBBER, AM JOBBSTEN
Theater für und mit Günther Wallraff: Vom Bewerbungen schreiben bis zum Job des Lebens stellen Onur und Jan das Leben nach der Schule und für die Arbeit dar.

Parchim / Mecklenburg-Vorpommern
Bedeutung von Arbeit für Menschen
Graffitis über das, was heute in der Arbeitswelt anders ist als vor 50 Jahren. Philipp und Co. zeigen in Film und Foto ihre Gedanken zur Zukunft der Arbeit.

Pritzwald / Mecklenburg-Vorpommern
Gesichter der Arbeit
Zwei Länder, acht Menschen: Marokko vs. Deutschland. Dana und Jule beleuchten in ihrem Film die verschiedenen Arbeitswelten und wollen vom Gewinn den Bau von Schulen unterstützen.

Quierschied / Saarland
Arbeitstafel
Mindmap und Fragebogen sind die Instrumente von Johannes und seinen Freunden für eine Vergleichsstudie: Was bedeutet den deutschen Großstädtern Arbeit?

Regensburg / Bayern
JOBJOGGER
„Laufe um dein Arbeitsleben" heißt es für viele nach der Schulzeit. Die junge Theaterpädagogin Lina wird mit Schülerinnen und Schülern die dazugehörigen Herausforderungen erkennen und thematisieren.

Riegelsberg / Saarland
Back Home
Nur Arbeit kann Tobias und seine Freunde aus dem Ausland wieder nach Hause bringen. Dokumentiert

werden die Erlebnisse und die zu erfüllenden Aufgaben im Internet.

Salzmünde / Sachsen-Anhalt
Land in Sicht
... ist der Titel eines Liedes von „Sound of fate". Thema: die Zukunftsangst von Abiturienten.

Senftenberg / Brandenburg
Die Gefühlswelt der Arbeit
Stress vs. Büroklatsch, Herausforderung vs. Langeweile: Farben und Formen spiegeln in Franks Bildern die gegensätzlichen Emotionen bei der Arbeit wider.

Tessin / Mecklenburg-Vorpommern
„Arbeit" – In Tönen
In ihrer Punkrock-Trilogie „Alles System", „Useless" und „Workers' Song" widmen sich Tino und seine Band u. a. der politischen Gewichtung von Arbeit.

Trier / Rheinland-Pfalz
irrlicht72 (Mein kleines Universum – jenseits und diesseits des Tat-Sächlichen)
Tätig sein, aber kein Geld verdienen – das ist die Arbeit vieler Ex-Häftlinge. Katharina begleitet drei von ihnen und weicht damit den üblichen Tätigkeitsbegriff auf.

Weimar / Thüringen
Endmontage
Outsourcing in der Kunst. Uwe lässt sein Modernisierung des Gemäldes „Das Eisenwalzwerk" (1875 – Adolf Menzel) nach seinen Vorstellungen großformatig in China malen und setzt abschließend seine Signatur auf die Leinwand.

Zwenkau / Sachsen
Arbeit im Jahre 2107
Wird Kleidung die Arbeit in Zukunft erleichtern? Eine pompöse Modenschau mit skurrilen Entwürfen stellen Katja und ihr Team auf den Laufsteg.

Was man mit den 100.000 Euro noch so hätte machen können. (Liste)

- Radsportdopinggeständnisse kaufen
- Eine Inszenierung an der Staatsoper.
- 24 Jahre den Hartz IV Satz von 345 Euro beziehen.
- Zwei Arbeitslose von der Strasse holen und zu Lufthansa-Piloten ausbilden.
- 14 Monate Diäten für einen Bundestagsabgeordneten begleichen.
- 11 Arbeitstage für den Vorstandsvorsitzenden von Siemens bezahlen.
- 10.000 Bierkästen.
- 3034 Buchpakete verschenken mit den Titeln „Anleitung zum Müssiggang" von Tom Hodgkinson und „Als Führungskraft erfolgreich starten" von Albrecht Müllerschön.
- Fünfmal zwischen Berlin und Peking mit dem Taxi pendeln.
- Fünf Fließbandroboter Manutec R15 kaufen.
- Das Geld arbeiten lassen (2% Postsparbuch).
- 4081 Tage in der künstlichen Urlaubswelt Tropical Island verbringen.
- 40.000 Tage bei einem Latte Macchiato im Wlan-Cafe St Oberholz in Berlin sitzen und seinem digitalem Freiberuflertum nachgehen.
- 7,7 Meter Autobahn bauen.
- Professionelle Berufs- und Karriereberatung für 370 Interessierte.
- Ca 200.000 Arbeitsstunden in einem asiatischen Sweatshop.
- Einen Porsche 911 Carrera 4S kaufen (noch 1500 Euro für Tanken übrig!)
- 50 Tage einen McKinsey Berater beschäftigen.
- 14285 Putzhilfen eine Stunde schwarz beschäftigen.
- Ein 100.000-Euro-Projekt der KSB zum Thema „Freizeit in Zukunft".
- 10 Bafög Höchstdarlehen sofort zurückzahlen.

Und mehr...

Das Projektbüro 100.000 EURO JOB vorgestellt: cast – in alphabetical order:

Frank Just – Produktionsunterstützung
Frank ist mit seinen 20 Jahren der jüngste im Team und absolviert nebenbei an der Leipziger Werbeakademie ein Studium zum Kommunikationswirt. Seine Interessen sind breit gefächert und er übernimmt bei der täglichen Arbeit im Projektbüro die verschiedensten Aufgabenbereiche. In seiner Freizeit engagiert sich Frank aktiv in der eSport Szene, schreibt Artikel für junge Online Plattformen und ist in seinem Freundeskreis als „Dichter und Denker" bekannt.

Christian Klisan – Dokumentation
Christian ist studierter Kultur- und Medienpädagoge und hat durch den 100.000 EURO JOB seinen Weg in die Arbeitswelt als Selbstständiger gefunden. In zahlreichen Filmprojekten an der FH Merseburg und beim offenen Kanal Merseburg konnte er seine Erfahrungen im Bereich Film und Fernsehen immer wieder erweitern. Er ist leidenschaftlicher Filmkonsument und opfert seine Freizeit dem Kino.

Anja Schreiber – Projektunterstützung
Anja hat Soziologie und Sprachliche Kommunikation an der Uni Rostock studiert. Eines ihrer Interessengebiete ist die Mitwirkung und Mitentscheidung junger Menschen, für das sie sich schon seit mehreren Jahren engagiert, z.B. war sie Gründungsmitglied und Sprecherin des Jugendparlamentes Neubrandenburg. Eine weitere Station auf dem Weg zum 100.000 EURO JOB war das Mitwirken im Youth Bank-Programm im vergangenen Jahr, wo sie u.a. Jugendliche bei Projektumsetzungen begleitet und unterstützt hat.

Matthias Senkel – Koordination Teilnehmerunterstützung
Matthias hat am Literaturinstitut Leipzig kreatives Schreiben und an der MLU Halle Interkulturelle Europa- und Amerikastudien studiert. Seit 10 Jahren leitet und begleitet er Theater-, Performance-, Installations-, Netz- und Videoprojekte. Außerdem spielt er Bass bei der Band Zellrasen.

Sebastian Sooth – Projektleitung
Sebastian hat in den letzten Jahren verschiedene Jugend-Projekte ins Leben gerufen und begleitet, u.a. als Gründer und Projektleiter der bundesweiten Servicestelle Jugendbeteiligung, Mitentwickler von Youth Bank Deutschland, Projektleiter des EU-Pilotprojekts „Netzwerkstatt – Stadtnetzwerk für Jugend und Politik" und in der Mitarbeit bei der Vorbereitung und Durchführung von „Berlin 05 – Festival für Junge Politik".

Sabine Weiler – Büroleitung
Sabine hat sich in den letzten Semestern ihres Studiums in Berlin vor allem mit Zukunftsforschung beschäftigt. Auf diesem großen interdisziplinären Forschungsgebiet gibt es zahlreiche Themen, eines davon ist die „Zukunft der Arbeit", wozu Sabine ihre Magisterarbeit geschrieben hat. Sabines zweites großes Interessengebiet ist Osteuropa, wohin sie zahlreiche Reisen in den letzten Jahren geführt haben. Kunst und Kultur genießt sie zur Zeit vor allem rezeptiv, seit der Weg zu ihrem Berliner Chor durch den Umzug nach Leipzig doch etwas weit geworden ist.

Visionauten – Projektträgerschaft und Kommunikation

VERBRECHER VERLAG

Ambros Waibel
LEBEN LUMS
Erzählungen

128 Seiten
13 € / 24 SFr
ISBN: 3-935843-58-5

»Ob Lum für Ada etwas hätte tun können? Ob er etwas hätte tun müssen? Das Problem an diesen Fragen ist, dass Lum bei der Erörterung dieser Fragen sich nicht wohlfühlt, wenn er einen Cocktail oder auch nur ein alkoholfreies Bier in der Hand hat. Lum, das sagen viele, die ihn mögen, könnte viel viel mehr Geld verdienen. Aber, sagen andere darauf, dann wäre er nicht mehr Lum.« Einer trinkt, einer sieht perverse Schlümpfe, einer will schreiben, eine schreibt, einer wird durch Zufall Schauspieler, ein anderer bleibt es aus Desinteresse – in Ambros Waibels Erzählungen geht es um Menschen in der Krise, die allein, aber nicht immer verlassen sind. »Einen Grund dafür, dass Waibels Geschichten so viel Stil, Haltung, Charme und Selbstironie besitzen, erfährt man in einer Glosse zum Schluss. Waibel hat trotz bestandener Aufnahmeprüfung im Jahr 1995 das Studium am Literaturinstitut der Uni Leipzig nicht aufgenommen.« Ralph Gerstenberg / Tip Berlin

Verbrecher Verlag Gneisenaustraße 2a 10961 Berlin
www.verbrecherei.de info@verbrecherei.de

VERBRECHER VERLAG

Jim Avignon
WELT UND WISSEN
Bilder + Geschichten

180 Seiten
80 Abb.
durchgehend vierfarbig
14 € / 28 SFr
ISBN: 3-935843-16-X

Ein neues Buch von Jim Avignon, diesmal gestaltet er einen fiktiven Wissenschaftsatlas, der die verschiedenen Wissenschaftsdiziplinen vorstellt – absurde Grafiken und Landschaften, die unsere Welt erklären. Dazu stellen seine Freundinnen und Freunde, unter anderem Almut Klotz, Dietmar Dath, Andreas Rüttenauer, Kolja Mensing, Linus Volkmann, Françoise Cactus, Christian Gasser und Tom Combo, Texte, so dass die Welterfahrung komplett wird. Ein Bilder-Lesebuch der angenehmen Art.

Ein herzliches „Danke!“ an alle, die den 100.000 EURO JOB möglich gemacht, mitgemacht und unterstützt haben.

Besonderen Dank an:

das 100.000-EURO-JOB-Projektteam Sabine Weiler, Anja Schreiber, Matthias Senkel, Frank Just, Christian Klisan,

die 100.000-EURO-JOBber, alle Ideeneinreicher, alle Teilnehmern und ihre Teams,

Julia Deutsch, Kathrin Haucke, Kathrin Luft, Sandra Noa, Max Upravitelev für Projektunterstützung, sowie Alf Thum und alle anderen, die mit Ideen, Kontakte und Tipps halfen,

die Visionauten Daniel Janetzky, Markus Ohm, Arne Winter, Diana Winter für Projektträgerschaft und PR,

Marcus Viehfeld und Michael Freitag für Website-Technik und Online-Auswahl-Tool,

alle, die halfen, die Kunde vom 100.000 EURO JOB in die Welt zu tragen,

alle Autorinnen und Autoren des 100.000-EURO-JOB-Buchs,

Natascha Podgornik (das BUCH), Jason Krüger und Thomas Weyres für tatkräftige Unterstützung in Layoutfragen,

Guido Wolff, André Pfennig, Beat Halberschmidt, Thomas Reichl und Michael Rösel für Filmunterstützung, Leipzig Fernsehen für Filmmaterial,

Twitterland für moralische Unterstützung und Scotty den Hund,

Holm Friebe, Sascha Lobo, Kathrin Passig, Jörn Morisse, Anja Handke, Anja Strilek, Dagmar Orlikowski, Sophie Bleich, Lisa Rank, Anke Wülpern, Christoph Albers, Jörg Sundermeier und Werner Labisch vom Verbrecher Verlag, Fata Morgana für Rat und Tat in Buchfragen und

an die Kulturstiftung des Bundes für die hervorragende Unterstützung durch Uta Schnell, Tinatin Eppmann, Friederike Tappe-Hornbostel und alle anderen Kollegen.